所有しないということ

高橋一行 著

御茶の水書房

前書き

　『所有論』(2010.6)、『知的所有論』(2013.2)、『他者の所有』(2014.12) と書いて来た。本書はその三部作の補遺である。すでに言いたいことは言い尽くしたと思っていたのだが、しかし、「他者の所有」というテーマを考えている内に、実は、人はそもそも所有などしなくても良いのではないか、また本当は、他者などいないのではないかという思いに強く囚われるようになり、またそういう関心で、アガンベンやラカンやジジェクを読み進めて行き、ついにはその思いをさらに一冊の本にしたいと思うようになったのである。

　前著三作をもう一度振り返っておく。
　『所有論』において、無限判断論はまだ出て来ない。その時は、所有の問題をシステム論的に考えていた。ヘーゲル論理学をシステム論として読むということを長い間考えていて、その延長線上での成果であった。
　具体的には、類個関係を重視する。個は類の要素ではなく、類とは別のシステムである。DNAの比喩で考えると良い。個体はいくつものDNAの集まったシステムであり、親子兄弟は、その内のいくつかを共有するが、システムというのは、要素の組み合わせから成り、要素が同じでも、組み合わせ方が異なれば、違ったシステムだし、また少しでも要素が異なれば、大きくシステムは違って来る。つまり、親子兄弟はどこかしら似ているが、生物学的に見てもまったく別のシステムだ。そう考える。そうすると個体はすべてそれぞれ別個のシステムである。その上で、類もまたDNAの総体で、それもまたシステムである。個と類は、その要素を共有しつつ、別のシステムを作っている。そういうシステム論的な類個関係を考えていた。
　そこに相互浸透という概念を入れる。互いに異なるシステムが、相互に付き合う、その仕方である。個人と個人、及び個人と共同体というシステムは、この相互浸透をしつつ、関係しているということになる。その関係のひとつが所有である。

この考え方は間違ってなく，今でもこのように考えるべきだと思う。しかしそこでは，否定性について十分な配慮がない。システムの衰退や消滅が考慮されず，崩壊を通じて再生されるという，または個人が死ぬことで，類が自覚されるという観点がない。
　あるシステムが他のシステムと関係するときにも，まずは否定的な関係があり，つまり自己を否定して，他者と関わり，さらにその否定性がもう一度否定されて，自己に戻って来るという関係が重視されていない。
　さらには，他のシステムとの葛藤，軋轢まで説明し切れない。
　そして否定的な関係が説明できないと，システムの発展は記述できない。そこには，飛躍と断絶があり，それは否定的関係を徹底することでしか近付き得ないものだからだ。無限判断という考え方が，そこで要求される。無限判断こそが，体系の持つ否定的な側面を強調する。それは体系にくさびを打ち込み，体系を壊し，しかし体系を再生させる。
　また『所有論』では，「推理論的連結」をキーワードにした。概念そのものの普遍，特殊，個別が判断論を経て，推理論的に連結される。しかし，その直前に無限判断がある。そのことを再度指摘しなければならない。否定の否定が推理論的連結で，しかしその直前の，否定の徹底が無限判断なのである。推理的連結を唱える際に，無限判断を併せて指摘しないとならないのである。

　第1書『所有論』で一番言いたかったことは，ヘーゲル論理学に拠って，知的所有の論理が説明できるということで，そのことを一層明確にしようと思って，第2書『知的所有論』を書いた。そしてその中で，無限判断論に行き着き，そこで，主体と他者との乖離が問題になり，そしてそれが第3書『他者の所有』のテーマとなった。

　『所有論』を書いた時は，所有の肯定的側面しか見えていない。それがその否定的側面が段々と見え，その重要性が分かって来た。そう言い訳をしておきたい。

否定性を徹底すること。そうすると，以下のようになる。

「他者の所有」というテーマに修正を施さねばならない。そこで，本書の第1章は，「所有しないということ」，第2章は，「他者の非在」とした。つまり前著で他者の所有を論じて来たが，ここで，そもそも所有はしなくても良いものかもしれないし，他者ももしかしたらいないのではないかということを論じたいのである。

三部作の補遺となる所以である。

所有しないということ

目次

目次

前書き *i*

1 所有しないということ ―アガンベンをヒントに― ……… *3*

    1-1 例外状態 *3*
    1-2 所有しないということ ― ヘーゲル ― *8*
    1-3 所有しないということ ― ロック ― *12*
    1-4 所有せざる人々 ― 現代社会における喪失 ― *16*
    1-5 所有せざる人々 ― 鬱 ― *23*
    1-6 所有せざる人々 ― コピーフリー ― *32*
    1-7 否定の弁証法 *38*

インタールード1　　デリダのメランコリー論……………… *48*

2 他者の非在 ― ラカンを参照する ― …………………… *57*

    2-1 ジジェクのラカン像 *58*
    2-2 ラカンの鬱論 *68*
    2-3 サントームとは何か *78*

インタールード 2-①………………………………………… *90*

    ヘーゲル「論理学」の「否定の否定」と「無限判断」の解釈について
    ──高橋一行『他者の所有』を読む　　相馬千春　*90*

インタールード 2-②………………………………………… *110*

    相馬氏の批判を受けての再批判 *110*

3 ヘーゲルを繰り返す ………………………………… *126*

3-1　偶然の体系『自然哲学』を読む　*126*
　3-1-1　ヘーゲル自然哲学の面白さ　*126*
　3-1-2　物質の運動　*133*
　3-1-3　偶然の体系　*139*
　3-1-4　普遍・特殊・個別　*143*

3-2　病の体系　『精神哲学』を読む　*148*

3-3　カント戦争論 vs. ヘーゲル平和論　『法哲学』を読む　*160*

参考文献　*179*

後書き　*187*

所有しないということ

1 所有しないということ ―アガンベンをヒントに―

　アガンベンは,『ホモ・サケル』4部作の最後の2冊,すなわち『いと高き貧しさ ―修道院規則と生の形式―』と『身体の使用 ―脱構成的可能態の理論のために―』において,所有しないで使用するということを論じている。すなわち前者は,修道院において,最低限の食物や衣服を所有しないで使用することが可能かということを問題にする。後者において,とりわけ身体は,所有するものではなく,ただ単に使用するものなのではないかという問題意識が語られる。本章は,その所有と使用の問題を,ヘーゲルとロックの所有論に遡って検討し,その後に,現代社会において,極度の貧困にある人々と,喪失の病にあって,喪の営みができない人々である鬱病患者を取り上げて論じたい。その際に,アガンベンの若き日の著作『スタンツェ』を参照する。そこでは,修道院における鬱が論じられているからである。修道院の生活と身体という特殊な観点から論じられた問題が,しかし現代においては,貧困と鬱として,普遍的なものになっている。所有の意味がそこであらためて問われるだろう。そして最後の論点として,現在,私たちは情報化社会という例外状態にいるが,そこにおいて,知的所有物を所有しないで使用するという可能性に言及したい[1]。

1-1 例外状態

　G. アガンベン(1942-)は,ネグリと並んで人気のあるイタリアの哲学者である。著作は,22冊が翻訳されており(2016現在),また邦訳されていないもののいくつかも,英訳を読むことができる。私がここで扱うのは,以下の4部作である。

I『ホモ・サケル ―主権権力と剥き出しの生―』(原文1995=翻訳2003)
II-1『例外状態』(2003=2007)

II-2『スタシス ―政治的パラダイムとしての内戦―』（2015=2016）
II-3『言語活動の秘蹟 ―誓いの考古学―』（2008）
II-4『王国と栄光 ―オイコノミアと統治の神学的系譜学のために―』
（2009=2010）
II-5『神の業 ―義務の考古学―』（2012）
III『アウシュヴィッツの残りのもの ―アルシーブと証人―』（1998=2001）
IV-1『いと高き貧しさ ―修道院規則と生の形式―』（2011=2014）
IV-2『身体の使用 ―脱構成的可能態の理論のために―』（2014=2016）

　この最後の2作品（IV-1, IV-2）に対し，私は，興味を覚えた。そこでは，所有が，正確に言えば，所有しないということが論じられていたからである。また，そこにおいて，私は初めて，アガンベンを面白いと思った。そのことを以下に書きたいと思う。そのためにはまず，この4部作全体について，触れておく必要がある。
　I『ホモ・サケル ―主権権力と剥き出しの生―』を読むことから始めたい。ここでは，まず，C. シュミットが使われている。シュミットの『政治神学』（1922=1971）の冒頭には，次の有名な文言がある。「主権者とは，例外状態に関して，決定する者である」（"Souverän ist, wer über den Ausnahmezustand entscheidet"）。ドイツ語原文を挙げて置いたのは，überの訳が，上述のものは，未来社で出ている訳なのだが，仲正昌樹は，「例外状況を超えた次元にまで及ぶ」という意味合いが込められていると言っていて，私もそう考えるべきだと思ったからである（仲正 p.174f.）。
　ここで，例外状態とは，非常事態のことで，危機に対処するために，一時的に法の効力を停止して，治安維持を図る，戒厳令の出される状態のことである。シュミットが生きたワイマール時代は，頻繁に政権交代があり，極左，極右が台頭し，不安定で，ずっと例外状況であった。また，シュミットはナチスの時代をも予見しており，のちに，それが例外状態の典型と考えられ，そのためにしばしば彼はナチスを正当化したと誤解される。
　また，主権とは，憲法秩序を制定する，憲法制定権力の次元の力を持つも

ので，法を超えた権力という意味合いで使われている。

　そして，この主権者の本質が，例外状態で明らかになるのである。主権者は，法よりも大事なものを守るために，例外状態であることを判断し，決定する。

　もうひとり，アガンベンに影響を与えているのは，M. フーコーである。

　自然的な生が，国家権力の機構によって，包含され，政治が生政治に変容する。これは，『知への意思』の主題である。この概念を，ここでは，より具体的に解明しようとしている。つまり，権力が，人々の身体自身と，様々な生の形式に浸透して行く具体的な様態を分析するのである。

　そしてそこでアガンベンが提出するのが，「ホモ・サケル」という概念である。サケル（sacer=sacred）とは，「神聖にして侵しがたい，宗教的な」という意味と，「汚れていて，共同体から排除された」という意味と，ふたつある。古代ローマにおいて，法の適用から外れた，聖なる人間が存在していた。つまり，その生が，法的支配の外にある存在であり，例外的存在である。

　アガンベンの主張は，主権者は，ホモ・サケルに対する法外な支配を行使することができるということである。そのことが，法を規定する。例外が，通常の状態を規定する。それがアガンベンの言いたいことである。

　本書は，三部から成り，第一部がシュミット論，第二部がホモ・サケル論，序と第三部でフーコー論を展開する。つまりここでアガンベンは，意識的に，フーコーの問題意識に，シュミットを接続させている。

　もう少し厳密にこのあたりを読解しておく。

　本書でアガンベンは，意識的に，主権と統治を，同じ意味で使おうとしている。あるいは，その意味を近付けようとしている。しかし一般的には，主権とは，法を制定する権力のことである。それに対して，統治とは，フーコーの用法では，日常的な場面で，権力を行使することである。渋谷望の整理を使えば，主権権力と統治権力は，マクロ―ミクロな領域で，それぞれの役割を分担している。それが，アガンベンの理論では，例外状態において，両者が交差する。シュミット理論を使いつつ，例外状態において，主権者は，法

を超えて，人々を支配する。そこにおいては，その主権は，フーコーの概念である生権力として，人々に秩序化を迫る。生権力は，統治に繋がる概念だから，例外状態において，主権は，統治性として捉えられている（渋谷2003, p.211ff.）。

このように考えると，アガンベンは，際立って，ユニークな視点を出しているということができる。しかし，基本的に，「シュミット＋フーコー」の域を出ていないと私は思う。そして今や，シュミットは，政治思想を専攻する若手の学者の間では，最も人気のある思想家であるし，この手の研究をする人は，100％フーコーの影響を受けていると言って良い。だから，「シュミット＋フーコー」の研究ならば，いくらでもほかにあるし，それだけだと，特に私の問題意識に入っては来ない[2]。

例外状態を考えることで，法の外にある主権が，人々を支配する，その仕方を以って，法が機能するということに力点を置けば，シュミットの観点に引き寄せたアガンベンができ上がるし，例外状態で，政治が生権力になってしまう仕組みを論じれば，フーコーに大分近付いたアガンベンの主張が出て来ることになる。

しかし，IV-1『いと高き貧しさ ―修道院規則と生の形式―』とIV-2『身体の使用 ―脱構成的可能態の理論のために―』が出て，やっと，アガンベンの独自性が見られ，そして私は，それを論じてみたいと思うようになったのである。

さて，しかしその前に，『ホモ・サケル』以後の作品を読んで行く。まず，II-4『王国と栄光 ―オイコノミアと統治の神学的系譜学のために―』を見る。

ここでは，アガンベンは，本書の問題意識は，フーコーの統治性の系譜に関する研究の延長上にあると，自ら位置付けている。それはフーコーの射程をはるかに超えて，キリスト教神学が始まった最初の数世紀に向かい，そこでは，権力の起源が，オイコノミア（エコノミー），つまり，神学的実践論に求められる。そしてそのことは，王国と統治，オイコノミアと神の栄光という二重構造を分析することで，明らかにされる。

先に言ったように，主権と例外状態というシュミットの概念装置を導入す

ることで，例外状態における主権の統治性を問い，フーコーの問題意識を，より古い時代にまで遡って，検討している。とりあえず，そうまとめておく。

それに対して，以下の二冊は，少しだけ力点が違って来る。

II-1『例外状態』の方から見て行く。

ここでは，例外状態は，「内戦や蜂起やレジスタンス活動」のことで，「法の地平では把握されることのできない法的手続き」である。それはナチス以降，「恒久的な緊急状態の自発的な創出」として，「現代社会の支配的なパラダイムとして立ち現われている」という，著者の認識が示される（以上，第1章）。

さらにそれは，2001年以降の，アメリカでテロ活動の疑いを持たれた非米国人の無制限の勾留にも表れている。これが典型である（この例は，以下に取り挙げる，J. バトラーにおいても分析されている）。そしてシュミットを引用しつつ，例外状態が詳細に分析される。

III『アウシュヴィッツの残りのもの —アルシーブと証人—』も見て行こう。

アウシュヴィッツこそ，例外状態である。「収容所は，典型的な極限状況として，何が人間的で，何が人間的でないかを決定することを可能にする」。「アウシュヴィッツとはまさしく，例外状態が正規のものと一致していて，極限状態が日常的なもののパラダイムそのものとなっている場所のことである」（以上，第2章）。

ここで，W. ベンヤミンの主張を思い出すべきであろう。つまり，ナチスを念頭に置きつつ，現代においては，例外状態が，常態になってしまったと，彼は言っている（Benjamin, p.84＝p.118）。内戦や蜂起やレジスタンス，強制収容所，難民といったことが，現代では，日常的になっている。

このことは，以下で再び述べて行くことになる。とりあえず，ここでは，しかし，以下のことだけ言っておく。つまり，これらの本は，先の『ホモ・サケル』の問題意識を，より具体化していると言うことはできる。しかしやはり，シュミットの概念装置の中で，フーコーの問題意識を扱うという点で，『ホモ・サケル』の枠を，大きくは出ていないと思う。

なお，本章では，II-2『スタシス —政治的パラダイムとしての内戦—』，

II-3『言語活動の秘蹟―誓いの考古学―』，II-5『神の業 ―義務の考古学―』の分析は割愛する。以上で，アガンベンの基本的な考え方が明らかになったと思われるからである。

1-2　所有しないということ ― ヘーゲル ―

さて，いよいよ，『いと高き貧しさ ―修道院規則と生の形式―』を読む。

4世紀から始まる修道院が舞台である。ここでは，すべての所有物を放棄することが奨励されている。「いと高き貧しさ」＝無所有＝清貧が推奨されている。イエスは，人々が豊かになるために，貧しさを選んだのである。修道者は，イエスの足跡を辿るべきである。

しかし，生きて行く上で，修道者と言えども，最低限の食べ物と衣服などは，使用しなければならない。すると，何も所有をしてはいけないということと，最低限のものは，所有しなければ使用できないという矛盾をどう考えるか。

13世紀のフランシスコ会士は，「事実上の使用」は可能，つまり，人は何も所有しなくても，食物と衣服などの財は，使用することが可能だと考える。法権利を放棄して，なお財の使用を認めるのである。この主張を詳細に検討することが，この本の課題である。

そして，このフランシスコ会士の考えに反対するのが，ヨハネス22世で，彼は，「事実上の使用」を認めると，物の濫用になってしまう。従って財の使用に関しても，制限しなければならないと考える。このふたつの考えが対比される。

さて，修道院に入るにあたって，人は，修道院の規則を守ることを誓う。その規則は，法律と違って，主体が生きるための形式そのものである。規則を守ることが重要なのではなく，規則に従って，生きることが重要である。修道院では，無所有が規則であり，かつ，生きるために準拠すべきモデルである。

しかもそこでは，理想に向かって，ともに生きることが問われている。つまり，これは生の共同体という，政治的な問題である。

それは例外状態である。そこにおいては，剥き出しの生がまさにすべての権利を剥奪されているのであるが，しかし，修道者は，自ら修道院の規則を生きることで，剥き出しの生として孤立することなく，人間としての生活と実践，すなわち「生の形式」を実現しようとしている。世俗の法権利の外にあって，ひたすらイエスが範を示した清貧を生きることによって，人間の生のあり方を示している。

ここで「生の形式」とは，分離することができないほどに形式と固く結び付いて，生を構築する試みである。この場合は，修道院で模範とされる形式に厳密に従って生きる人々の生のあり方を示している。アガンベンは『ホモ・サケル』で，人間や動物が，ただ単に生きているという事実を指す zōē という言葉を使わず，固有の「生の形式」に従って生きるという意味の bios という言葉を使っていた。ここではさらに，修道院における，生き生きとした例外状態が描かれている。

しかしこの，「生の形式」，またそれに従って生きている，すなわちビオスを実践している修道僧は，すべての権利を剥奪されて，法権利の外にいるという意味で，また何も所有しないという意味においても，同時にそれは，「死の形式」であり，「生ける屍」でもある。このことは，本章第4節で，ジジェク及び，ウェーバーを参照して詳述したい。ここでは，修道僧たちが，法権利を放棄し，一切を所有することなく，つまり死者でありつつも，しかし同時に生きるために，最低限のものは使用することを求め，「生の形式」を主張した。その事実を確認し，そもそもそういうことが可能なのかという問いを立てておく。

実はフランシスコ会の理論は，「生の形式」を求めるところまで，至らなかった。法権利の理論に拘泥し過ぎ，「生の形式」そのものの理論的深化はなされなかった。しかし，所有しないで使用するという理論を作ることで，法権利を放棄した生を主張し，事実上，「生の形式」を主張し得ている。そしてそれは，西洋哲学では，決して答えられなかった，使用の意味と，「生の形式」を，結び付けたのである。

さて、ここから、私の問題意識に引き付けて、以上のことを解釈してみる。ヘーゲル『法哲学』から、抜き出してみる。

「身体は精神によって、占有取得される」(48節)。その「占有取得が所有である」(53節)。それは、「肉体的獲得」、つまり「手によってつかむ」ということであったり、「形造り」であったり、「標識付け」であったりする。

次に、使用の段階に進む。「使用は所有の現実性」(59節)である。

最後に、「放棄が真の占有獲得」(65節)であるとされる。以上、すべて併せて、所有と呼ばれる。

この3段階は、「物件に関する意思の、肯定的判断、否定的判断、無限判断である」(53節)。と言うのも、最初は、意志と物件が肯定的関係にあり、次はそれが使用されて、つまり否定的なものになり、最後は、意志が物件から完全に離れ、しかしそれは同時に、意志が自分の中へ折れ返る自己内反省であるからだ。

ここまで確認してその上で、あらためてヘーゲルの論理構造を見て行きたい。しばしば解されるように、肯定が最初にあり、それが否定され、その上でまた、否定があって、同一性が回復されるというのではない。まず肯定は、否定があって、初めて成り立つものである。否定作用が根本で、そしてその否定を成り立たせるために、肯定が理論的に要請される。肯定とは、否定を成り立たせるためのものに過ぎない。つまり、前提が事後的に措定されるのである。

すると、所有論においても、次のようになる。普通はモノを所有して、その後に、使用＝否定すると考えられる。しかし、モノを使用して、はじめてそのモノを所有していたことが分かる。使用しなければ所有は認められない。重要なのは、使用＝否定作用である。

また、所有物の否定をさらに徹底するのが、放棄、すなわち交換・譲渡・売買である。つまり、所有したものは、必ず使用しなければならないし、交換・譲渡・売買しなければならない。ここでも、所有が重要なのではなく、使用や、交換・譲渡・売買が重要なのである。世界と主体は、所有で繋がっているが、しかし、使用したり、交換・譲渡・売買してしまえば、もはや所

有関係はなくなっている。つまり，所有は，所有しなくなって初めて，所有していることが分かる。所有とは，所有しているということが問われているのではなく，それを否定し，またはその否定を徹底することが問われている。それが無限判断である。世界と主体は，実は繋がっていない。繋がっていないという形でしか繋がっていない。言い換えれば，喪失することが所有なのである。

　すでに否定判断の中に無限判断が宿っているということを付け加えておく。すると，所有とは，使用という否定的な言い方でしか，また，交換・譲渡・売買する，つまり放棄するという無限判断的な言い方でしか，できないものなのである。

　さて，そこから，所有しないで使用するという考えを，導くことができるのだろうか。ストレートに，それが導かれるとは，私も考えない。しかし，所有とは，所有していないことで，しかし，使用したり，交換・譲渡・売買したりすることで，所有するものなのである。喪失することで，所有するのである。

　つまり，「所有しないで使用する」という考え方は，ロック，カント，ヘーゲルに代表される西洋哲学の主流となるべきところを根底から崩そうとする試みである。しかし，ヘーゲルの体系の中に，すでに，その綻びの芽がある。

　ヘーゲルは確かに，所有の基礎付けの上に，法権利の体系を作り上げた。しかし，その一番の基礎のところで，その体系は危ういものだ。しかし，そもそも体系とはそういうものである。

　最初に占有取得があり，次いで，使用があり，最後に放棄がある。まず，この３段階すべてを通じて，所有と言う。このことをまず確認する。次いで，上で述べた通り，使用こそが所有であり，ヘーゲルはこれを，所有の現実性と言うのである。そして，その上で今度は，放棄が真の占有取得だと言う。重要なのは，２番目と３番目であり，そこから１番目の意味を無化して行くということを試みたい。

1-3　所有しないということ ― ロック ―

次に，アガンベン『身体の使用 ―脱構成的可能態の理論のために―』を読む。原文は2014年に出て，邦訳が2016年に入ってから出ている。

この本を以って，『ホモ・サケル』4部作は完成する。本人の弁では，終結ではなく，これ以上の探求が放棄されるに過ぎないのだそうであるが，いずれにせよ，これでシリーズは終わる。この最後の本は題名の通り，身体の所有を論じ，そこから彼の積極的な主張である「生の形式」を論じている。そこで，アガンベンの言いたいことは，身体は，「所有しないで使用する」ものだということである。

すでに，前作の『いと高き貧しさ ―修道院規則と生の形式―』で主張されていたのは，修道院という例外状態では，修行者は，一切のものを所有しないで，しかし，生きて行くために必要な衣食などは，「所有しないで使用する」ことができるというものであった。『ホモ・サケル』シリーズ最終作は，その戦略をさらに徹底している。

以下，『身体の使用』の第一部「身体の使用」から引用をして行く。

まず身体の使用が論じられるのだが，アガンベンは，そこで，奴隷の身体を論じている。つまりそれは奴隷の問題なのである。奴隷とは，人間でありながら，他人に属する者という定義が与えられている。

ヘーゲルも『法哲学』で，奴隷について言及している。そこで論じられているのは，奴隷の主人が，奴隷を売買することは，事実としてなされているが，しかし奴隷の身体は，奴隷本人が持っているものだから，つまりそれは本人の「絶対的な権利」であって，従って，奴隷の売買は無効なのである（66節補遺）。

アガンベンは，ここで，まったく正反対の方向で論を進めている。そもそも誰も自分の身体は所有できない。アガンベンが言いたいのは，そういうことだ。誰もが，自分の身体は，「所有しないで使用」している。奴隷の場合は，その身体が，他人によって，「所有しないで使用」されるだけの話で，その点では同じだ。そういう風に話を持って行く。

その前提として，魂が身体を支配するという考えが検討される。しかし魂は，自分の身体を所有しないで使用しているとアガンベンは考える。そして，奴隷の場合は，その身体は，他人に使用されるのだが，そこでも同じく所有はされていない。だから，主人の身体であれ，奴隷の身体であれ，どちらも所有されることなく，使用されるのだ。

　アガンベンは，そこで，プラトンやアリストテレスを縦横に引用しつつ，まずは，使用することなく，所有しているという状態と，それらを使用する状態とを区別した。そして，そこから，使用することは所有することよりも好ましいという結論を得る。

　さらに戦略的な記述が続く。アガンベンは，何かを生産するために使用する道具と，そういう生産活動を行わず，ただ単に使用するだけの道具とを分ける。後者は，例えば衣服の使用などであり，奴隷の身体の使用も，こちらの範疇に入る。この区分けは，身体と奴隷の使用を，生産の領域から脱却させるためのものである。つまり，「所有しないで使用する」ということは，生産活動を行わないものなのである。

　すると，「身体の使用」については，以下のようにまとめることが可能である。
1. 先に述べたように，それは非生産的な活動である。
2. 自分の身体を使うことと，奴隷という他者の身体を使うこととは，同じことである。
3. 人工的に作った物としての道具と生ける身体は同じものである。
4. 身体の使用は，近代人の労働と同じものではない。それは生産活動を行わない。
5. 奴隷は身体の使用を通じて定義され，それは人間的なものの中で排除されてしまい，そして排除を通じて包摂される生き物である。

　結論は次のようになる。使用と所有を分け，世界を決して所有の対象とせず，使用の対象だけにすること。使用を実践と生き方の領域に置き戻してやること。

　さて，使用するということは，活動であり，それは，可能態や習慣ではな

く，現実態と同じものである。ここで，習慣の概念を検討しなければならない。習慣は所有と同じ概念であるとアガンベンは考えている。それは可能態であって，存在の様式のひとつである。この所有と習慣の概念が所有と存在を結び付ける。所有＝習慣は，そこにおいて，主体が存在の主人になろうとする点である。そして，所有はそもそも存在から派生したものでありながら，存在を自分のものにする場である。所有とは，存在を自分のものにすることに他ならない。しかしそこで，使用は，所有と存在の曖昧な関係を破砕する。ピアニストは，ピアノを習慣的に使用するが，それはピアノの使用の所有者として自己を構成している。使用はここでは，生の形式である。主体の能力ではない。

　ここで使用は，所有の彼方にある。使用関係の中で構成される自己は実体ではなく，この関係そのものである。

　また，前著『いと高き貧しさ』について，アガンベンは次のように言う。そこでは，フランシスコ修道院たちは，法律的な論戦ばかりして，使用の定義を，法権利の外にある生が，所有せずになし得るものとして提供できなかった。ここでは，主体が所有権を放棄する可能性を，そして，この放棄から出発して新たに開かれる次元を示唆する。

　つまり，使用は所有権を放棄した時に開かれる次元として出現する。使用は，自分のものにすることができないものへの関係として提示されている。ここで結論が得られる。使用は所有できないものへの関係である。

　所有することのできないものだけが，共同のものだ。ここでアガンベンは，所有しないで使用するものとして，身体の他に，言語と風景を挙げる。そして身体も言語も風景も自分のものではなく，他者と分有され，他者とともに使用される。その分有は，まさしく愛である。アガンベンの主張として，ここまでを論じておく（以上，第1章）。

　以下，ロックの所有論とアガンベンのそれとを比較したい。

　『統治二論』の「後編」で，ロックは次のように言う。Man has a Property in his own Person（27節）。これをどう解釈するか。

人間がまず身体 person を所有する。つまり，person が，人間の property である。さらに，その所有された身体を使用して，労働し，そうして得られた労働生産物は，これもまた自分のものだとして，それを所有する。そういう仕組みになっている。人間が支配権の主体であり，所有権の主体である。このことが身体の所有を通じて，正当化される。

　すべての人間は his own person に所有権を持っている。ここで，person は身体であり，しかし同時にそれは個人 person である。この person の二義性が曲者である。ロックは，はっきりと，誰もが自己の person を property にすると言っている。それがロック所有論の前提であり，またそこに彼の理論全体が，根拠を置いている。

　ふたつの極端な考え方が出て来る。ひとつは，person は人格だから，結局，人は人格を所有し，さらには，獲得した財産も人格となる。ここには，property の二義性も問題となる。つまり，それは，財産と固有性という意味である。財産所有権が，拡大された固有の人格の一部ということになる。つまり，人格，身体，財産という順に，人格が広がって行くことになる。私は物を所有するが，その物は，私自身となり，つまり，私が私を所有するのである。

　もうひとつは，逆に，身体は本来所有できないのではないだろうかということである。それは person と言われ，つまり人格そのものだからだ。人格は物体ではなく，それは所有できない。しかしそれでは，どうやって，労働生産物の所有権を正当化するのか。それは，法の問題になる。つまり，身体をここで出して来て，それを使っての所有の正当化はできない。身体は，person であるという，ロックの前提からは，所有の正当化はできない。

　私は前者が，ロック本来の議論であると考えている。そこからさらに，知識もまた所有であると考えることができる。知識も人間の思考という労働の生産物であり，それは，人格の一部となり，人は人格をこのようにして，拡大して行くのである。ヘーゲルもまた，基本的には，このように考えている。それが私のヘーゲル理解である[3]。

　それに対して，後者は，アガンベンの解釈ではないか。

『身体の使用』は，読解が難しいのだが，そこでは，ロックと正反対のことを言っているのだと考えると，良く分かるのではないか。つまり，ロックの前提から考えると，人格としてのpersonが身体としてのpersonを所有するのだが，身体としてのpersonは人格としてのpersonなのだから，そもそも所有できない筈である。とすると，ロックの所有の正当化の議論は，ロックの前提からは成り立たなくなる。ロックの論には，このような問題が内在している。だから，アガンベンは，ロックと正反対のことを言っているのだが，これはしかし，ロックの理論の持つ矛盾である。ロックの前提から，まったく反対方向のふたつの道が出て来るのである。

ロックは身体を所有し，その身体を使って生産したものは所有できると，所有の正当化を図った。アガンベンは，身体は所有しないで使用するものであり，それは生産せず，非生産的な活動をするだけだとし，とことん所有を拒否する。逆向きというのは，そういうことだ。

そうすると，ロックは所有を正当化し，アガンベンは，所有を拒否するのだが，しかしそのアガンベンの論理はすでに，ロックの中に胚胎していたのではないかということが私のここで言いたいことである。

1-4 所有せざる人々 ― 現代社会における喪失 ―

さらに以下のことを言いたいと思う。所有の喪失が現代の特徴であると私は考えている。つまり，まさしくベンヤミンが言ったように，現代社会は，例外状態にあり，そこでは，人々は，所有を喪失している。しかしその悲惨さを指摘することに重点を置かず，その肯定的側面に目を向けることはできないか。つまり，例外状態ではあるが，そこに，「生の形式」を見つめることができないか。

修道院の生活は，今や，私たちの日常の生活でもあり得る。身体は日常的に使用されている。格差社会において，何も所有できない人，災害に遭ったり，差別されて，すべてを奪われた人など，また理不尽にその所有物を奪われた人も，例外状態＝日常にいると言って良い。ただし，これは生き生きとした「生の形式」とは言い難い。現代の例外状況を，どう考えるか。

『いと高き貧しさ』の訳者による解説によれば，すでに 1993 年に，アガンベンは，「生の形式」という論文を書いていて，そこで，この概念をすでに十分に説明していた。そこで，はっきりと，アガンベンは，「国家という形態をとらない政治，……〈生の形式〉といったようなもの，それを生きる中で生きることそのものが問題となるような生，潜在力を持った生は可能なのだろうか」[4]と問うているのである。

しかし，『ホモ・サケル』から始まる，4 部作の中で，なかなか，その問題意識は展開されず，つまり，『いと高き貧しさ』が出るまで，持ち越したのである。ようやくこの本で，「生の形式」が具体的に描かれて，さらに『身体の所有』で，一層詳細に扱われる。

この間の事情を，観点を変えて見て行きたい。

J. バトラーと A. アリスンが，precarious, vulnerable, grievable という言葉を使っている[5]。

まず，2001 年以降に出された 2 冊の本の中で，バトラーは，「失われても哀悼されることのない人々」について，そして「危うく，傷つきやすい生」について語っている。具体的には，9.11 以降の戦争反対運動に投げ掛けられる中傷，捕虜収容所での虐待，パレスチナ運動における弾圧が論じられ（Butler 2004=2007），また「対テロ戦争」の中で生じた戦争捕虜への性的虐待，欧州での移民排斥運動，性的少数者や宗教的少数者への迫害が扱われている（Butler 2009=2012）。

そこでは，vulnerability（脆弱性，傷つきやすさ＝可傷性という訳語が与えられる）や，precarious（あやういこと，不安定なこと），grievable（悲嘆可能性と訳されている）がキーワードになる。私は常に他者に曝されている。私は何も所有せず，防御手段も持たない。しかし，他者に曝された身体の傷付きやすさが，他者との繋がりを作っている。

さらに，アリスンは，そのバトラーを参照しつつ，3.11 以降の日本を取り挙げる。震災の被害と近年の不安定雇用や貧困の問題を，並行的に論じている（Allison）。

ふたりは明らかにフーコーの影響下にあり，そこで，例外状態における，生政治の問題を扱っていると考えることができる。しかしそこに，アガンベンの言う，「生の形式」を読み取ることができるか。つまり，そこから私たちがどう生きるかいうことまで考察されねばならないのに，そこまでの射程があるのか。
　もう一度，例外状態を列挙することから始めたい。不安定なワイマール期を念頭にして，また，すぐその後に訪れるナチス時代を予期した，シュミットの概念装置を使い，アガンベンは，それを，古代ローマのホモ・サケルに適用し，さらには，内戦や蜂起やレジスタンス，アウシュヴィッツの強制収容所や現代の難民にまで，それを広げる。さらに，その法を超えた状態を，現代においては常態だと考えたのである。その際に，主権の概念を展開するのか，それとも生権力の分析に力点があるのかということの間で，振幅がある。それがアガンベン理論のまとめであった。
　そこに，「所有しないで使用する」という，『いと高き貧しさ』の問題意識が提示される。13世紀の修道院における，徹底した所有の拒絶は，これもまた例外状態である。そしてもうひとつの書『身体の所有』では，身体という例外的なものが扱われる。身体の所有もまた，所有しないで使用するという例外状態である。しかし例外状態という特殊から，どのように普遍を導くのか。そのことが問われねばならない。

　ここで，S. ジジェクを参照する。『テロルと戦争』でアガンベンが批判される。彼に拠れば，アガンベンの論じる，ホモ・サケルや強制収容所などの例外状態における人々は，完全に人間性を剥奪されているのだが，しかし，「人道的な生政治の特権的対象」となっていると，フーコーを念頭にして，皮肉を言う（Žižek 2002=2003, p.115=p.129）。それは，「権力構造の実効的解体を決して伴うことのない，不安定化・解体を担う，終わりなき過程」にしてしまっている。言い換えれば，「ラディカルな政治の最終目的は，マージナルな空間を創造することで，社会的に排除された人々に，公的な権限を与えて，その限界と置き換える」ことなのである（同，p.127=p.140）。

しかし，こうした「排除された」人々とは，実は私たちすべてのことなのであるとジジェクは言う。それはそこに規律権力や生権力が潜んでいるというような代物ではなく，まさに私たちすべてが置かれている状態であり，私たちそのものである。

　さらにジジェクを使って行く。『終焉の時代に生きる』が参考になる。そこでは，「生の形式」ではなく，「死の形式」が論じられている。つまり，例外状態において，そこでは，解釈のできない，突然の暴力に襲われた，アイデンティティの死を超えて生きる屍となった主体のあり方が問われている（Žižek 2010=2012, p.291ff.=p.403ff.）。超法規的な状態ということは，法を超えた暴力が，人を支配している状態のことである。そこでは，通常の意味での人格は破壊されている。そして新しい「生の形式」が誕生するのであるが，しかし，それは，「死の形式」と言うべきなのではないか（同，p.296=p.409）。

　これが，アガンベンの「生の形式」である。つまり，ジジェクはそれを，「死の形式」だと言う。それに私は同意する。するとここで，アガンベンをジジェクに引き付けて解釈することができる。

　私の言葉で言えば，所有しないということは，喪失を生きるということであり，それは「生ける屍」である。それは，死につつ，生きている。アガンベンの意図を超えて，これはこういう意味を持っている。

　別の観点で言えば，つまりジジェクやアガンベン自身の説明とは異なるが，以下のように言うこともできる。中世の修道院は，イエスの後を追い，清き貧しさを求めるだけでなく，古代の殉教を尊び，しかし，中世になると，殉教はあり得ず，それが現実的に不可能なものになったら，その精神だけを真似て，疑似的な殉教をするところとなったのである。その意味で，彼らは，生きる屍なのである。その禁欲の精神が，後にルターとカルヴァンを経て，日常化され，ウェーバーが『プロテスタンティズムの倫理と資本主義の精神』で論じるものとなっている。だから，彼らは，修道院で，すでに死んでいるのである。その彼らの生き方が，「生の形式」である。ここに生と死の逆説的な繋がりを見るべきである。

　またウェーバーの論では，中世の修道院において，死を生きるという逆説

が実践されて，それが近代に世俗的禁欲として保持されたのだが，現代においては，このことが例外状態として日常化したのである。

問題はさらに，ジジェクのフーコー批判になって来る。つまり，フーコーの言う意味においてではなく，アガンベンの主張を，ジジェクを使って救い出すことにある。例外状態の人々を特権化することなく，それを普遍化すること。13世紀の修道院の規則に，そして身体の使用を論じる様々な著作に，その後の西洋哲学史では消えてしまった主張が見られたのである。所有しなくても，実は使用できるのではないか。それは今や，喪失の時代を迎えて，あらためて考えるべきものなのではないか。

以下，ジジェクの積極的な「死の形式」について，もう少し例を挙げて，考えて行きたい。彼が，しばしば挙げる4つの喪失体験を書く（Žižek 2009=2010, p.91=p.154など）。ジジェクは，何度も，次のような喪失体験について，ジジェクの言葉を使えば，「敵対性」について，言及する。それは次のようなものだ。

1) 例えば，環境破壊による，自然からの恩恵や繋がりの喪失
2) 知的所有権の過剰な保護のための，自由な知的財産へのアクセスの困難など
3) とりわけ遺伝子工学による，人間性の変化が現実味を帯びていること
4) 様々な形態の社会的排除

とりわけ，この4番目のものが一番重要である。社会的に排除され，社会との繋がりを喪失した人々の持つ普遍性をどう捉えるか。

ジジェクは，この4つの喪失体験を，次のように言いかえる。つまり，1)は，外的自然のコモンズ，2)は，文化のコモンズ，3)は，内的自然のコモンズと言い換えられる。これらは共通して，まず，そもそもコモンズなのに，私的に横領されており，そのためにそれは，人の財産を奪い，プロレタリアート化させる。そういうものとして，捉えられている。そしてこのどれとも異なるのが，4)であり，つまりそれは，コモンズの横領の問題ではなく，しかしそれこそが，重要であり，かつ，ジジェクは，これを正義の問題と呼んでいる。

『終焉の時代を生きる』に拠れば，1）は，マルクスのプロレタリアートの概念に対応すると言う。つまり，労働対象は，自然であり，人は，その生産物から疎外されるからだ。それからまた，テロや自然災害の被害を受けた人々も，そこに含まれる。そして，2）は，私たちが生きている，仮想的現実に対応し，そこでは，文化＝第二の自然の中で，言語やメディアによって，自然との直接的な対応を喪失している。また，3）は，脳の損傷などによって蒙った心的外傷後の主体の問題である[6]。そしてそこに，4）として，現代社会の問題が加わる（Žižek 2010=2012, 第4章）。

いずれも，喪失体験であるとまとめて良い。ジジェクの論は，マルクスを受け，しかし，マルクスの時代よりもはるかに深刻なものとなっている喪失体験を扱っている。

しかし，ここで注意しておく必要があるが，これは，最も貧しいものが，最も貧しいからという，それだけのことを根拠にして，革命の担い手になれるということを意味していない。こういう，しばしば，ヘーゲルの主と奴の論理を，通俗的かつあまりに俗悪的に戯画化して，逆転の論理を抽出し，恵まれない境遇の人が，恵まれないがゆえに，新たな支配勢力になれるという論があるが，それとは異なる。

必要なのは，主体化の問題である。死の形式を経て，喪失の体験を経て，人は主体化する。そしてそのようにして生成した主体が，そのままの，そのあり方が肯定されて，変革の主体となる。

それは，疎外された，または所有を喪失した労働者を教育して，資本主義社会に適合させようというのではない。そうではなく，逆に，社会の方を，このように喪失した人々に合わせなければならない。

さて，そこまで論じて来て，しかし本題はこれからだ。なぜ，現代は，喪失の時代なのか。なぜ，人々は所有で満足しないのか。以下が本題だ。ジジェクとは別の道を辿って，論じて行きたい。それはやはり，所有の問題で，まさに，アガンベンが，「所有しないで使用する」と言ったことなのである。

以下は従って，私の喪失論である。

まず，私たちは，情報化社会に住んでいる。そこでは，人々が情報を所有するようになり，モノの所有への比重が薄まる。これは，情報化社会の宿命だ。なぜならば，情報化社会とは，モノがあふれ，つまり，人々が実際に欲しているよりも，多くのモノで溢れていて（これが消費化社会），しかし，それを無理やり売り付けるために，情報を流して，人々に買わせる社会のことである。だから，モノの価値が減り，それに無理矢理，情報の付加価値を付けて売り付ける社会だから，人によって，その付加価値の重みの受け止め方が異なり，昔であれば，カラーテレビを持っているというだけで，近所の人から尊敬されたけれども，今は，そういうことがなく，その価値を共有する少数の人の間でしか，その所有物のお蔭で尊敬されるということがなくなる。例えば，今，若い人の間で，車は必ずしも，評価が高い訳ではなく，金を稼いで，車を買いたいと思う若者は激減している。以上が，情報化社会の特徴である。

　このあたりの話をするのに，具体例はいくらでもあり，私が子どもの頃の憧れとして，炊飯器，洗濯機，冷蔵庫とあり，自動車とテレビがそれに続く。モノが人を幸せにした時代の話である。しかし今や，私たちは，それらをすでに持っていて，しかしそれはありがたいものではなく，それを所有することで満足する，そういう時代に住んでいない。

　端的に言って，それは所有の価値がなくなる，または，所有の意義がなくなる社会のことである。

　次に，情報化社会では，雇用が減るから，非正規雇用が増え，失業者も増える。これは必ずしも，政府が，新自由主義的な政策をしているからということばかりが理由ではない。情報化社会の必然性と捉えるべきだ。これはこういうことである。国民の80％以上の人が第一次産業に従事している社会では，失業は極めて少ない。農家では，早朝から夜中まで，休むことなく，仕事があった。また，中卒者を，大量に工場が採用していた時代でも，誰もが仕事が保証されていた。彼らは「金の卵」と呼ばれていたのである。しかし，そういう時代を経て，国民の80％が，第三次産業に従事するようになると，雇用はなくなる。専門的な知識のある人，営業のできる人を除いて，

仕事はない。第一次産業と第二次産業の従事者は，ごく少数で良く，あとは海外で賄うことができる。すると，第三次産業が中心となった社会で，うまく生き残れる少数者だけが仕事にあり付ける。また，ワークシェアが叫ばれているが，しかし，仕事のできる人と仕事のできない人との間で，ワークシェアをするのは，困難である。そうすると，どうしても，仕事にあり付けず，必要なものが買えないという人が増える。所有の価値がなくなった時代に，文字通り，所有を喪失している人々がたくさんいる。

バトラーやアリスンが書いているように，そういう時代の傾向を，9.11 と 3.11 が拍車を掛けたのである。

1-5 所有せざる人々 — 鬱 —

鬱については，以下のように考える。内海健を参照して，私は，これは所有の喪失に起因する障害であるとした[7]。内海の提示する例では，実際に，所有物を喪失したと感じて，悩む例がたくさんある。財産をすべてなくしたと思ったり，また，普通に収入も貯金もあるのに，将来の不安を強く感じたりするという例がある。

また，人間関係を失うことがある。死別，離別もあり，また，人から悪口を言われるというくらいのことで，しかしそれが，その人にとっては深刻だという場合もある。そしてそういう体験を，鬱親和的だというタイプの人がすると，容易に鬱になる。そういう人は，普段は，人間関係がうまく，社交的だと思われているが，無意識の内に，つまり本人の意識に反して，人間関係を所有物化しており，それが，一部でも失われると，鬱を発症する。つまり，それは喪失の病として，生じるのである。

雇用が安定せず，所有が保証されていないから，人間関係も不安定になる。一方で，所有に価値が認められず，所有しているだけでは，満足ができない社会において，人間関係が極めて重要なものになるのに，その人間関係は，モノとの所有関係よりもはるかに不安定なのである。加えて，人間関係の不安定が，所有の喪失だと感じられて，容易に障害をもたらすタイプの人たちがいる。これは時代の病である。このあたりの論点については，以下，イン

タールード1と2-2で，再度整理する。

　仕事がなく，所有物がなく，人間関係もないという人がいる。結構多いと言うべきだ。そういう社会において，しかし，実際には，仕事もあり，所有物もあり，人間関係もあるのに，それが意味を持たないと感じている人も多い。そして，そういう状況を背景にして，一切を喪失してしまったと悩む人たちが出て来る。そしてこれは，ごく一部の人の病理だと思われているが，しかし，この20年くらいの内に，急激に増え，今や，ごく一部の人のものだとは言えず，誰もがそうなる可能性のある病として，鬱がある。

　すでに例外状態は，常態となって久しいが，さらに実際に所有していない人たち，また所有していないと感じる人たちで，今の社会は満ち溢れていて，それこそが，例外状態である。私たちの誰もがそういう状態にいると考えるべきである。

　その喪失の状態を，ジジェクに倣って，まずは「死の形式」と呼び，次いでしかし，それこそが，私たちの「生の形式」なのだと考えたときに，アガンベンを活かすことができると思う。

　そして私は，これらの人々，つまり私たちそのものなのだが，彼らを，つまり私たちを，このまま肯定したいと思う。変えねばならないのは，社会の方である。私たちが如何に，悲惨な状況にいるのか，また如何に，権力に蝕まれて生かされているのかということを指摘するだけではなく，これを現代社会の主体として確認したい。

　アガンベンは，『スタンツェ』(1977)において，中世の修道院における鬱を論じている[8]。それは「白昼のダイモン」と呼ばれ，怠惰，陰鬱，生の倦怠，無為とも呼ばれる。「僧院の中で行われるあらゆることに対して，無気力になる。安らかに過ごすことも，読書に参加することもできなくなるのである。こうして哀れにもこの修道士は，修道院の生活から何の楽しみも得られないなどと不平を漏らすようになる。そこに留まる限り，彼の信仰は何の実りももたらさないだろうと嘆き，苦悶するのである。うめくような声で何か修行に努めようと宣言はするが，それも無駄で，放心したかのようにいつ

も同じ場所にじっとして，悲嘆にくれているのである」（第1章第1節）。
　怠惰という言葉を使っているが，明らかに，これは鬱の現象だとアガンベンは考えている。その特徴は，4つある。それは，「精神的な生活の負担や困難さを前に狼狽して身を引いてしまうこと」，臆病，戸惑いと言われ，「あらかじめ罪が宣告されているというぼんやりとした，しかし，僭越な確信」，または絶望であり，「回復に向かっているかもしれないあらゆる行為を麻痺させる，退屈で鈍い放心状態」または，無感覚であって，そして，「魂が自分の前から逃げ出し，空想から空想へと落ち着きもなく彷徨いめぐる状態」，つまり散漫である（同）。
　つまり，この怠惰は，怠慢ではなく，苦悩と絶望のしるしであり，それは，「本質的善にかかわる苦悩，つまり神から授けられた特殊な精神の尊厳にかかわる苦悩」であり，「神の前で人間が立ち止まるという義務に直面して，目を眩ませて怯えながら，『後退りすること』」である（同）。
　さて，鬱は古代からあり，すでにアリストテレスが論じている。『問題集』という著作においてである。この著作は，ひとつには，その膨大な分量のものだということと，また，もうひとつは，その扱う領域の広さ，つまり，医学，生理学の全般を，また人間の感覚から性格まで，幅広い領域を扱っていることとがあり，そのユニークさにもかかわらず，しかしあまり注目されることはないのだが，この著作の，第30巻では，鬱の問題が論じられている。「哲学であれ，政治であれ，詩であれ，あるいはまた技術であれ，とにかくこれらの領域において並外れたところを示した人間はすべて，明らかに憂鬱症であり，しかもそのうちのあるものに至っては，黒い胆汁が原因の病気にとりつかれるほどのひどさであるが，これは何故であろうか」（p.413）。ここで憂鬱症と訳された単語は，メランコリーであり，それは語源的には「黒い胆汁」（メライナ・コレ）から出た言葉である。当時，宇宙は，4つの元素から成り立っていて，それが4つの体液を構成して，人間の気質を決定していると考えられた。すなわち，空気，火，水，土が，それぞれ人間の，血液，黄胆汁，粘液，黒胆汁に相当し，それらが人間を支配しているのである。
　黒胆汁は，人を陰気にし，臆病にする。それは確かに人を沈鬱な状態にさ

せるのだが，しかし同時に，「気力の充実を結果する」(p.420) 場合もあり，要するに，「黒い胆汁は，ひどく冷たくなることもあり，ひどく熱くなることもあり，……憂鬱症の人は，すべて，確かに，人並みでないところを持っているのである」(p.421)。

そしてその寓意を，絵画で表現したのが，デューラーの「メランコリアI」である[9]。これは，黒い顔で，頭に植物の冠をかぶり，肘をついて考え込んでいる，翼を持った女を描いている。女は何か考え込んでいるようで，外界に対して，何の反応も示さない。女の膝の上には，書物があり，ベルトからは，鍵の束と財布がぶら下がっている。家の壁の向こうには，空が見え，虹が掛かり，そこには，蝙蝠が飛んでいて，その蝙蝠の広げた翼には，MELENCOLIA I と書いてある。

この絵については，アガンベンも取り挙げているのだが，R. クリバンスキー，E. パノフスキー，F. ザクスル（以下，パノフスキーたち）が，詳細に論じている。『土星とメランコリー』という題を持つ，この膨大な量の書物の中で，彼らは，まずは，先のアリストテレスをはじめとする，古代の哲学者たちのメランコリー観を取り挙げ，次いで，中世の哲学の中でのメランコリーを扱う。土星がメランコリーを司る星だということで，と言うのも，先にアリストテレスが論じたように，黒胆汁は，土に関わるからであり，その土星が，古代，中世の占星術の中で，どのように扱われているかを詳細に検討する。そしてそれが，哲学と宗教，それに美術と詩歌にどのような影響を与えたのかを論じたのちに，デューラーの作品の分析に入って行くのである。

まず，これは土星に支配された人物を描いている。それは，不安や狂気に陥りやすいが，しかし同時に，知的労働に向いている，そういうタイプの人間である。土星が司どる，最も低い元素である土に支配された人間が，最も高い精神の世界へと飛翔する。古代，中世において，人間の健康や気質が，天体によって支配されていると考えるのは，ありふれたことであった。パノフスキーたちは，そのことを具体例を挙げつつ論じている。

また，この絵の題が，「メランコリアI」となっているのは，このあとの

段階を示唆している。つまり，ⅡやⅢの段階をデューラーは考えている。憂鬱質の魂は上昇する。黒胆汁には特殊な力があり，永遠の聖なるものに向かって進展する。

さらに，宗教改革時に，デューラー自身が，魂の活動によって行動する芸術家として，自己を捉えていて，そのことをこの絵画の中で示そうとしたのではないかということである。彼は自らを，憂鬱質の人間であると考えていたそうである。デューラーの自画像の素描が残されていて，その顔の表情は，この「メランコリアⅠ」の女性のそれと良く似ている。

さて，この怠惰すなわち「白昼のダイモン」は，修道院に特有のものではなく，すでに古代，中世に広く見出される特徴であった。

怠惰は，罪深い眠りに過ぎないものではなく，すでに教父たちによって，至高の善を見ようとする苦悩であることが明らかになり，またアリストテレスによって，憂鬱な状態と，熱く充実した状態との二面性を持っていることが明らかになった。そしてこの二面性を，デューラーがうまく示しているのである。

私は，本章第2節で，アガンベンの『いと高き貧しさ』を取り上げ，そこに展開された，「所有しないで使用する」という考え方を，積極的に評価し，それを本節で，現代における鬱の増加と結び付けて論じている。2011年のこの論文で，アガンベンが直接，鬱について論じているのではない。しかし，修道院における，「所有しないこと」を，現代における，所有の喪失に起因する病である鬱に結び付けて，私は論じて来た。私は，前著及び，本書で，「喪失体験」と鬱について，何度も言及して来た。一方で，1977年の『スタンツェ』において，アガンベンは直接的に鬱を論じている。この論文において，アガンベンは，修道院における怠惰＝鬱を所有の喪失であると論じている。そして同時に，「怠惰の持つ両義的な陰極性は，こうして，喪失を所有へと展開しうる可能性を秘めた弁証法的な原動力となる」（第1章第1節）と言っている。鬱は死に至る憂鬱だとか，神を汚す陰鬱と呼ばれてはいたが，しかし同時に，それは，癒しをもたらす陰鬱であり，救済であり，美徳であった。

それは否定と欠如というあり方において，対象と交流する（同）。
　この両義性をさらに論ずべく，『スタンツェ』のアガンベンは，フロイトの著名な「喪とメランコリー」という論文の分析に入って行く[10]。
　この論文で，フロイトは，喪という情動と比較することで，メランコリーの現象とその本質を解明したいと言う。愛する人を失うとか，またはそれに匹敵する喪失があったとき，喪の営みが必要なのだが，病的な素質の疑われる人物においては，うまくそれができず，鬱病の症状が発生する。
　しかしその鬱病において，対象の喪失に苦しめられるのではなく，自我の喪失に人は苦しむのである。そして，対象へのリビドーが失われると，そこで別の対象へとリビドーが移るのではなく，自我に引き戻される。そうして，喪失した対象と自我が結び付けられる。対象の喪失が自我の喪失となり，対象に向けられたリビドーの備給は，ナルシシズムに退行する。ここに強い逆備給が要求される。ここで備給（Besetzung）とは，ある心的なエネルギーが，表象や身体の一部や対象などに結び付けられることを意味する。また，逆備給（Gegenbesetzung）とは，自我が不快な表象から備給を撤収し，自我を防衛しようとするプロセスである[11]。
　このフロイト解釈から，アガンベンは，喪失とその後の獲得という概念を得ている。つまりそれは，所有の喪失であるのだが，同時に，所有の肯定である。
　アガンベンは，フロイトのこの論文の中で，中世の教父たちが論じたものと同じものが見出されるのは，少々不思議だと言い，それは，「対象からの逃避」と「自分自身への瞑想的な引きこもりの性癖」だと言う。メランコリーは，愛の対象の喪失に対する反動である。この反動は，自我へと退行して行き，そしてこのことにより，リビドーの備給は自我に戻り，対象は自我に組み込まれる（第1章第4節）。
　つまり，喪失と対象の同化という二義性が，フロイトのメランコリーの特徴である。これがフロイトの言う「否認」である。それは，欲望がその対象を否定すると同時に，肯定するという働きのことである。

アガンベンのヘーゲル理解のポイントは，まさにここにある。まず彼は，『スタンツェ』において，否定性を強調する。そしてアガンベンは随所で，ヘーゲル批判をする。ヘーゲルは否定を重視するが，それは結局は，肯定に至るための途中の段階に過ぎない。しかし，重要なのは，この暫定的な否定ではなく，否定の徹底なのだというのが，アガンベンのヘーゲル批判の骨子である（「プロローグ」など）。しかし，私のヘーゲル解釈では，肯定に進むための安易な否定ではなく，この否定の徹底ということを初めて論じたのが，ヘーゲルなのである。

　同時に，対象を否定することが，肯定になると，アガンベンは，フロイトを引用しつつ論じる。つまり，仮に否定をしておいて，しかし重要なのは肯定なのだと持って行くのではなく，徹底して否定することが，実は肯定に繋がっているということである。しかし，このことこそ，私に言わせれば，ヘーゲルの論じたものである。

　まだ，「例外状態」という概念を，アガンベンはこの時点では提出していない。しかしここで論じられている怠惰とは，修道院という「例外状態」において，欲望をすべて否定して，神に奉仕するところで生じる現象である。それは，『いと高き貧しさ』において，一切のものを所有しないことを主張する生き方が，つまり，否定を徹底する生き方が，「生の形式」に他ならないという，すでに私が論じて来たことにストレートに繋がっている。

　アガンベンが修道院の話から，『スタンツェ』を始めたのは，デューラーの「メランコリアⅠ」に話を持って行くための枕に過ぎないかもしれない。アリストテレスからフロイトまで持ち出して，メランコリアを論じて，デューラーの絵の解釈をして行く。アガンベンは，しかし，鬱を論じることを主題とせず，デューラーを論じた後は，ボードレールの詩に話が移り，さらには，13世紀の恋愛を論じ，スフィンクスの記号論に話を持って行く。つまりアガンベンが取り組んだのは，西洋文化における言葉とイメージを探って行くことで，この本の中で，様々な詩や絵画について，その該博な知識を披瀝している。しかし，その詩や絵画を論じることによって，その中に見出される

人間の欲望を分析することと，その否定的な契機を掘り下げて行くという，その否定の方法論こそが，アガンベンの面白さなのではないか。そして，34年（1977年の『スタンツェ』から2011年の『いと高き貧しさ』に至る期間）ののちに，再び修道院を論じ，そこにおける，「いと高き貧しさ」，つまり「喪失」または「所有しないこと」という話を展開した。私はそれを鬱に繋げた。アガンベン自身が，このふたつの話が繋がるとは思っていないだろう。しかし単に舞台が修道院だからということだけでなく，怠惰と清き貧しさという，このふたつの概念は34年の時を経て繋がっているのである。

　ひとつ大きな問題が残っている。アガンベンは，修道院の怠惰から，アリストテレス，デューラーと繋いで，フロイトの鬱に至った。私はそれを受けて，アガンベンの34年後の著書の主張する「所有しないということ」に繋げ，それを，さらに「現代的な鬱」に繋げた。しかし鬱と言っても，様々なものがあって，その論理構造が同じだからと，一括りにまとめてしまって良いものか。素人の感覚で言っても，少なくともフロイトの論じているメランコリーと，私が論じて来た「現代的な鬱」と，アガンベンの挙げている修道院の鬱は，大雑把なところでは外見が似ていても，細かなところでは相当に異なっている（この違いは、2-2で解明される）。
　また，フロイトは確かに，メランコリーの心的過程において，対象の喪失感があることを論じ，また，それがあまりにも強いために，逆に対象に固執し，自我の内へ，リビドーが退行するという，その両義性を指摘している。しかし，実は，そのメランコリーの意味するところが，今日の精神医学での使い方と異なっている。その整理が必要である。
　ここで補足的に，つまり次の章に繋げるために，フロイトの鬱論についてまとめておく。と言うのは,鬱は時代によってずいぶんとその病像が変遷し，また専門家によって，その解釈や治療のアプローチが異なる。専門家は臨床経験を積み重ねることで，現実的に対処するのだが，私はここで，やはり，フロイトという古典を振り返ることで，鬱について整理をしたいと思う。
　ただ，フロイトの解釈もまた，様々なものがあるし，厄介なのはフロイト

自身も，時代毎にその考えを変化させているということがある。

　精神病理学を専攻する松本卓也は，「フロイト＝ラカンのうつ病論」という論文の中で，まず，メランコリーとデプレッションをまったく別のものだと，明確に分ける。フロイトの言うメランコリーは，自責や罪責妄想を伴う重症の内因性鬱病であり，それに対して，今日，私たちが鬱と呼んでいるものは，デプレッションであり，それは神経衰弱とも呼ばれ，また疾患というより，ストレス反応であり，このふたつは，出自からしてまったく異なると言っている。

　しかし，フロイトは，「喪とメランコリー」を書いた1910年代には，神経症の抑鬱とは区別される精神病性の鬱を問題としたのだが，1890年代は，メランコリーとデプレッションの差異をまだ認めていなかった。メランコリーは，神経衰弱が重症化したものだと捉えていたのである。そして松本が着目するのは，のちにメランコリーとして論じられる方ではなく，まだそれと区別されていない時代のフロイトの，デプレッション論である。そこでは，神経衰弱と不安神経症を併せた概念として，現勢神経症（Aktualneurose）が論じられている。それは身体的な事柄が病因となっていて，フロイトの言葉を使えば，「欲動」の処理不全から生じるとされている。欲動とは，フロイトによれば，心的なものと身体的なものとの境界概念と位置付けられる無意識の衝動のことである。

　さらにフロイトは，知的な労働が神経症の原因となりやすいし，また疲弊によって，自我の強度が低下すると考えていて，そこで欲動の働きが活発化して，代替満足を求めるようになるとしている。つまり仕事がうまく行けば，欲動がその推進役を担っていたはずなのだが，その欲動の処理が，不適切な形で行われると，鬱になると言うのである。

　とするなら，フロイトが欲動の処理不全という，その内実は，社会的なものであって，それは現代社会の生活習慣病と見做すことができ，つまり，鬱の原因は，現在の労働環境に求められるということになる。しかし，このことをさらに展開するためには，松本の論文の，もうひとつの論点である，J.ラカンの解読が要る。つまり，松本の論文は，題の通り，フロイトとラカン

の鬱論であるが，私は，本章では，フロイトのみを取り挙げて，「現代の鬱」について，示唆するに留めたい。ラカンはこの次の章の課題である[12]。ここでは，鬱が社会的なものであるということだけ確認し，この章を終えたいと思う。

1-6　所有せざる人々 ── コピーフリー ──

　人が，そもそも所有をしないことが可能かということに対して，所有は人間の制度なのだから，どのようにでもあり得ると考えることはできる。近年の政治哲学は，ロックやヘーゲルが，なぜあれほどにまで，所有の必然性，ないしは所有という制度の自然性にこだわるのかということに対して，批判が集中する傾向にある。ロックもヘーゲルも，今やすっかり，保守イデオローグになってしまった。しかし，それはどうなのかという思いが私にはある。
　つまり，ロックは身体の所有を前提に，その身体を使って，労働して得た生産物の所有を正当化した。それが，『統治二論』の出発点の議論である。またヘーゲルは，『法哲学』の最初に，所有の議論を置き，ロック流の労働所有の正当化とともに，社会的承認という点も加えた。いずれにしても，所有を，人間の自然性に基づく根源的なものであるとし，そこから社会の制度を作って行こうとしたのである。そして今や，そのことが批判されている。
　例えば，國分功一朗は，ロックを論じて，「どんぐりやリンゴが彼の所有物であることを保証する所有制度が有効に機能している限りで，それらが彼の所有物と言い得るだけのこと」に過ぎず，所有とは，「制度の総体によってはじめて可能になる権利に他ならない」。つまり，ロックの議論は，「よくある取り違え」であると言う。ロックは，身体という自然性に，所有の根拠を求めるのだが，「所有こそはその自然に真っ向から対立する制度」であると，その自然性を批判する。ロックの所有制度正当化理論は，あまりに安易だとされている[13]。
　しかしそれに対しては，まずはロックやヘーゲルの意義を，確認しておきたいと思う。これはあまりにもオーソドックスなのかも知れないが，しかし制度の自然性を根拠に，その正当化を図ることで，彼らは近代的個人の自由

を保障し得たのである。ロックの場合，所有こそが，個人の自由である。ヘーゲルの場合は，所有は，個人の自由の基礎である。そこから社会的諸関係を作り，その中で，次第に自由を獲得して行くのである。そしてそうする以外に，正当化の仕様がない。ただ今や，そういった近代哲学の基本的なところに対して，強烈な違和感が溢れ出ている。私たちが今抱えている弊害が，皆そこから来ているかのように言われてしまう。しかしそういう論調に対しては，一旦私は守旧派になる必要があると思っている。

　しかし，その上でなお，所有は人間の作り出した制度に過ぎず，所有しないで使用するということはあり得るという議論をしたい。
　つまり，先の節で書いたように，ロックの議論を認めて，しかしその前提にすでに，逆向きのベクトルが潜んでいる。つまり所有しないで使用するという方向が，所有の議論の正当性を最初に図ったロックの中にある。また，ヘーゲルの『法哲学』の体系が所有に始まるということは一応受け止めて，なお使用という否定性を重視し，さらに交換・譲渡・売買を重視し，所有そのものを問わないということは可能だ。
　実はヘーゲル的に言えば，所有は自然であり，自然でないとすれば，事足りる。それは自然に由来し，自然性を強く持つが，しかし同時にそれは人間の作った制度であり，自然からは切り離されている。それだけのことだ。
　前著『所有論』で私は，ヘーゲルの論理では，所有と消化は同じだと言った。これは，所有の自然性を強調したものだ。そしてこの論理はロックも共有し，かつヘーゲルにおいては，それこそが観念論の基本となるものなのである。つまり，外界を自己の中に取り込んで，自己化する。それが所有であり，消化である。観念論というのは，他者を自己のモーメントにするということである。そのことは，一旦は正当化されねばならない。
　しかし，『他者の所有』では，他者の根源性から，他者は自己のモーメントになり得ず，また他者は必然的に招来され，そこでは，人は他の自己意識を所有できず，またさらには他者一般も所有し得ないのではないかと示唆していた。このことは矛盾するのだけれども，両立する。それこそがヘーゲル

の論理だと私は考えている．

　ヘーゲルの文脈で言えば，精神は自然ではない．しかし自然の産物だ．精神は自然から切り離されているということが大前提で，しかし精神は自然から出現する．その連続と断絶の機構を論じるべきである．ヘーゲルのテキストに即して，精神の自然性と，逆に自然の中に見られる精神性を論じたいと思っている．このことは，本書のこのあとの課題である．

　ここで再度，情報化社会の所有論を展開する必要がある．
　前節までに書いたことは，情報化社会では，原理的に誰もがある程度の所有を保証できる程度に生産力が上がったのに，現実的には，格差が拡大して，所有できない人が多くいるということだ．また所有の意義が失われて，所有できないと思い込む人たちも，これも大勢出て来る．するとその社会では，実際に所有できない人々と，そう思い込んでいる人たちが，たくさんいるということになる．そういう時代の所有論をどう考えるか．
　今までの議論においては，アガンベンは，13世紀の修道院を舞台にし，そこで，シュミットの例外状態という概念を活用し，そこにフーコーの統治という戦略を使い，そこにおいては，「所有しないで使用する」ということがあり得るとした．つまり，これだけの装置があれば，所有しないということも可能なのである．また，身体と言語と風景は，所有しないで使用することが可能であるというのが，アガンベン4部作の最後の作品の主張であった．このような特殊な場合には，このことが成り立つのである．そして理論的には，すでにロックの所有論の中に胚胎していて，それをヘーゲルが展開したということを，何度も書いて来た．この考え方をここで，つまり，情報化社会において，特権的に使えないかと思う．例外状態は今や常態であり，それは情報化社会において，そうなのである．
　私は，十分に生産力が上がったら，所有しないで使用するということが可能であると言いたい．どの程度の生産力なのかと言えば，まさに，情報化社会が訪れる程度にと答えることができる．
　それは繰り返すが，原理的に誰もが所有できるのに，現実的には，所有し

ていない人，または，所有していないと思い込んでいる人が出て来る社会であり，しかし原理的に，誰もが所有することができるので，所有の意義自体は，すっかり薄れてしまった社会なのである。

　ここでは以下に知的所有のことを論じたい。というのは，情報化社会というのは，情報の所有，つまり知的所有が，第一義的な意味を持つ社会のことであるからだ[14]。そして，前著で唱えた（『所有論』3-3），知的所有権の制約について，「所有しないで使用する」という観点から，再度その主張を検討したいと思う。
　前著において，私は知的共産主義ということを考えていた。つまり，知的所有においては，私的所有と共有が両立し得るからである。
　そこにおいて重要なのは，知的所有は，まずは私的所有されねばならないということである。情報は，一旦はそれぞれの個人が，それぞれの頭で理解し，つまり所有しなければならない。これは努力の要る作業で，つまりロックやヘーゲルが重視した労働を必要とするということである。
　しかし同時に情報の所有は，他者を本源的に必要とし，それは本来，他者とのやり取りのことであって，つまり共有である。私の使った言葉で言えば，知的所有物は，使用するということが，同時に，交換・譲渡・売買することなのであり，使用することは共有することである。
　さて今回は，ここで知的アナーキズムを主張してみたい。それは，知的所有物を，所有しないで使用できるかということである。
　前著では，知的所有も所有であるという面を強調した。ここでは逆に，やはり知的所有の特殊性を強調すべきだ。というのも，普通，モノの所有は，使用すればなくなるのである。しかし，知的所有権は，使用してもなくならない。さらに知的所有物は，原理的には交換・譲渡・売買できるのだが，現実的にはそれらはなされず，単に所有者の権利を守るだけである。つまり，知的所有権はそもそもの所有者に保存されたまま，その使用権だけ譲渡される。つまり，知的所有はここでもなくならない。なくならないものが，日本の法律で言えば，ずっと著者の死後50年も保存される。これはおかしくな

いか。

　すると私はかつて，知的共産主義を唱えたが，ここで知的アナーキズムを唱えるべきではないか。所有物は，使用してなくならなければならないし，交換・譲渡・売買して，やはりここでも，なくならなければならない。なくならないものならば，最初から，所有しないで，自由に誰もが使用できるべきではないか。つまりなくならないものを，特定の誰かが所有してはいけないのではないか。

　ここで理論的に考えねばならないのは，知的所有における，著作を使用する権利と著作物を販売する権利との区別である。通常使われている言葉で言えば，使用することと利用することの区別である。分かり易く言えば，本を読むのは使用であり，その本をコピーして販売するのは利用である。私たちは，著作物を使用することはできるが，利用することは，著者の承諾がなければできない。
　前著で展開したのは，本を読む，つまり知的所有物を使用するということは，努力して，その内容を理解することであり，それは，私的所有することなのだが，しかしその行為は同時に，著者との情報のやり取りであり，またその本を通じて，他の読者とのやり取りも発生し，つまりその限りでは，情報の共有であるというものである。
　しかし，ここで展開されていることは，話が異なり，その本をコピーして販売しようとするなら，著者に許可を求めねばならず，それはその本の著作権が著者にあり，利用者にはないということである。著者は現行の知的著作権法によって保護されている。
　この使用という観点から言えば，私的所有と共有とが両立し，知的共産主義が適用され，利用という観点から言えば，利用者が，では果たして著作権がなくして，勝手に利用することができるのか，つまり所有をしないで，利用できるのかという問題になる。ここで，知的アナーキズムが適用されるのかということだ。

さて，最近の著作権に関する資料をまとめて読む機会がある。この数年で，議論の中身が格段に進化していると思う[15]。拙著『所有論』3-3-1で私はレッシグの主張を紹介したが，それを受けて，様々な取り組みがなされている。

具体的には，以下のことが論じられている。

まず，情報化社会，第三次産業中心の社会で，著作権は根本だということは再度確認できる。

それから，小説家にしろ，音楽家にしろ，著作権で利益が上がるのは，1％の人に過ぎない。従って，99％は，著作権をフリーにしても差し支えないという議論がある。儲かるものは，現行法で保護するというのが根本であるが，多くは儲からず，現行法で保護してしまうと，却って，自由な創作活動が阻害されることになる。

そこから，今の強過ぎる著作権制度の中で，どうすることができるのか，その戦略として，次の3つが出て来る。

まず，最初は，フェアー・ユース規定を活用するというものである。これは例外規定の立法化のことである。分かりやすい例を出せば，検索エンジンは，インターネットのホームページの情報を集めて，インデックスを作成するのだが，それは著作権法に反するのではないかと言われて来た。しかしそれでは，検索エンジンはできないので，これに必要な作業が合法的にできるよう，例外規定を作ろうという話になり，具体的に言えば，2009年には，それが立法化されている。立法までに時間が掛かるが，しかし合法的に，例外を作って行くことができる。

次に，作品を公開する段階で，著者が利用者に対して，その著作物を自由に扱って良いという許可を与えるということが行われている。著者が，コピーフリーを宣言するのである。これは，クリエイティブ・コモンズと呼ばれる。これは，アメリカで2002年に始まり，すでに各国で多くの賛同者がいる[16]。こうすれば利用者は，著作権を所有しないのに，自由にその著作物を利用することができる。

第3に，現行法の保護期間を，これ以上延長させないということが重要だ。このことも，前著で書いたが，本当はレッシグの言うように，著作権は，5

年毎に更新を必要とするという制度に変え，更新しないものは自動的に，著作権が消えてしまうという制度にするのが，一番良いと思う（『所有論』3-3-1）。あるいはもっと単純に，その期間を短くしたい。しかし短くするのは，現実的に困難である。とすれば，せめても長くしない。一旦長くしてしまったら，短くするのは，絶望的に困難なのだから。

　このようにして，少しでも，著作権の共有部分を増やそうという運動がある。私は，それを，所有しないで利用できる部分を増やそうという運動だと整理した方が良いと思う。つまり，そもそも知的所有権は，所有しないということが大事なのではないか。所有しないということと，共有するということと，現実的には変りがないが，理論的には大きな問題である。
　もちろん，そう考えても良いという程度のことだ。つまり，所有権をすべてなくせという過激なことを私は主張していない。ただ単に所有権がない場合もあり得て良いということを主張しているに過ぎない。
　ただ補足すれば，この所有権がなくても良いというのは，情報化社会の未来においては，決定的に重要なことになるかもしれない。遠い将来，雇用はますますなくなる。その時にどのように社会を設計するのか。以前論じた，B.I. もまた，知的所有によるコモンである（『知的所有論』第4，5章）。ここではこの考えをさらに進めて，所有しないという次元で考えるべきではないかと言いたいのである。
　もうひとつ加えておくべきことがある。知的所有においては，使用と放棄が同義である。この重要性にあらためて注目する必要がある。使用することが他者を要求している。身体，言語，風景と同じく，知的所有においては，他者が必然的に前提されている。このことが，本章の最後の節で検討される。

1-7　否定の弁証法

　さて，先の1-5で取り挙げた『スタンツェ』では，ヘーゲルのイロニー論が取り挙げられている（プロローグ）。ヘーゲルは，イロニーに対して，絶対的な否定性に囚われて，それほど芸術的でないものを，芸術の真の原理だ

と見なしてしまったと言う。そう言うとき，ヘーゲルは本質的な事柄をとらえ損なっているのではないかと，アガンベンは言う。つまり，イロニーの否定性とは，代償のない絶対的な否定性なのに，ヘーゲルは，否定と言っておいて，それをいつも最終的には肯定に転じてしまうとアガンベンは，ヘーゲル批判をするのである。

これはすでに，アガンベンの初期の作品『中身のない人間』(1970) で取り挙げられている観点である。第6章「自己を無にする無」では次のように主張されている。

ヘーゲルは，『美学講義』において，イロニーの本質に気付いていた。それは，宿命的に自己否定するものなのである。自己の創造の無の上に高められた芸術的主体が，否定の原理それ自体をも破壊しつつ，否定の作品を完成する。それがイロニーである。ヘーゲルはここで，「自己を無にする無」という表現を用いている。イロニーの運命の極限，つまりすべての神がイロニーの笑いの黄昏に落ち込むとき，芸術は自己を否定する否定でしかない。すなわちそれは「自己を無にする無」である[17]。

イロニーは破壊的な作業であるが，自己に対して，自己の否定を向けねばならないことをヘーゲルは理解していた。

芸術は否定的な力である。その本質を支配するのはニヒリズムである。ニヒリズムと芸術は，両者において，存在が無として，人間に差し向けられるような運命の極点である。

ただし，ヘーゲルはここまで正確にイロニーの否定性に気付いていたのに，それを自己の原理にし得なかったとアガンベンは考えている。それに対して私は，その否定性こそ，ヘーゲルの根本にあるとかねてから指摘して来たのである。

また『スタンツェ』のすぐあとに書かれた『言葉と死』(1982) では，否定的なものの場所がテーマとなる。人間は，ヘーゲルの言葉で言えば，否定的な存在であるとし，『大論理学』の「本質論」の「根拠」からの引用がある。根拠は，存在が場所を持つようになるために根底に向かっているという意味

において，根拠である。そして存在は，それが場所を持つのは，非―場所（つまりは無）においてであり，その限りで根拠を欠いたものである。その無根拠性，否定的根拠をアガンベンは論じるのである（以上，「序論」）。

　さらにアガンベンは，ハイデガーの『存在と時間』を論じ，そのダーザイン（Dasein）論を引用する。ダーザインには本質的に否定性が属している。それは根拠において，ダーザインそのものが，自分自身の否定性である。それは，Da と規定されていること自体，否定性を表しており，しかもそれは自ら自己規定したのではない。つまりダーザインの否定性は，それ自らの，Da からやって来るのである。

　さてヘーゲルもまた，『精神現象学』で，その冒頭において，感覚的確信の「このもの」を論じていて，それはハイデガーのダーザインとアナロジーがあるのではないか。「このもの」は「このもの」であると言葉で表現されたときには，もうそれは，「このもの」ではなくなっている。「今」と言った瞬間に，その「今」はもう「今」ではなくなる。同じように，「このもの」も，「このもの」として言葉が発せられた時に，もう「このもの」を脱している。それは言葉で指し示すことの不可能性を表している。感覚的確信が，「このもの」を捕まえたときに，そこには無が属している。

　先の Da も，また「このもの」も，人間を否定に導く力を持っている。その否定性こそが，アガンベンが，繰り返し論じ，自己の手法の根本に据え置きたいものであり，かつそれが，ヘーゲルに由来することを正確に認識しておきながら，しかし結局，ヘーゲルでは不十分だったとしてしまう。不十分なのは，ヘーゲルではなく，アガンベンのヘーゲル理解の方なのである。

　この観点はさらに深められ，「裸性」（『裸性』（2009）の中に収められた，ひとつの章の題名）においては，『スタンツェ』で展開された西洋文化における言葉とイメージが，ヘーゲルの本質と仮象の論理に絡められて語られる。『裸性』には，ふたつのことが書かれており，つまり前半と後半とに分かれており，そのふたつの関係が問題となる。一見すると，このふたつは矛盾している。それを読み解く。

論稿の前半は，裸と衣装の関係を論じる。衣服は恩寵である。裸という人間の本性は，否定的な形でのみ現れている。つまり裸は，衣服という神の恩寵との関係で考察されねばならない。裸は持続的な形式ではなく，衣服を喪失したということが重要で，つまり衣服を剥いで，裸にするとか，されるとかといった動作として考えねばならない。つまり，恩寵としての衣服の付与が，裸を成り立たせる。この恩寵の除去が，裸としての人間の肉体を明るみに出す。

　しかし，この人間の本性としての裸は，不完全なものであり，腐敗しており，必然的に衣服を必要としている。裸は単に衣服の前提に過ぎない。人間そのものは，衣服によって作られる。

　悪は，本質的に衣服の剥奪にある。裸は状態ではなく，出来事である。それは予期せざる喪失である。裸は不純でもある。衣服という恩寵を剥ぎ取ることによってのみ，人はそこに近付くからである。

　さてここまでが前半で，このあとの議論は，以下の通りである。

　美しいものは，覆われた状態で本質的である。美の根拠は，この覆いにある。とすれば，ものを覆うことこそが必然で，覆うものが美における仮象である。

　人間の肉体において，美は仮象としてのみ存在し得る。裸にされる可能性によって，人間の美が仮象であることを強いられる。人間の肉体において，美は本質的に覆いを取り除き得るものであり，純粋な仮象として提示される。そこで，その向こうに本質が横たわっているのではない。人が出くわすのは仮象だけである。

　ここで論じられる，仮象と本質の関係は，ヘーゲルの議論そのものである。つまり，本質が存在して，それが仮象を生むと考えられるかもしれないが，そうではなく，本質は仮象の仮象であり，つまり本質こそが仮象であり，仮象が本質を生んでいる。

　そして裸という，到達不可能な本質が，堕落した本性として捉えられていて，そこで，後半の議論が前半の議論と繋がる。

　裸が存在するのではなく，衣服を剥ぐという否定的行為が存在するだけだ

という議論に，その衣服を着た状態が美であり，それは，衣服を剥がされる可能性がある訳で，つまり仮象である。とすると，仮象こそが美であるという議論になり，それが，最初の議論に接続される。

そこにあるのは，否定的行為だけである。裸が存在して，それが衣服を着るという順に考えられていない。所有する主体があり，その主体が，服を所有し，その後に，使用するのではない。最初にあるのは，服を使用している，つまり否定的行為をしている主体であり，さらに，それは服を脱ぐ，脱がすという，否定的行為をするのである。ここにあるのは，否定だけだ。

さて，本章の最後に次のことを確認したいと思う。アガンベンは，否定の論理を根源だと考え，所有において，所有することそのものではなく，使用の方に力点を置く所有論を展開した。

まさしくこれはヘーゲルの論理に対応する。ヘーゲルは，占有取得し，使用し，交換・譲渡・売買するという，3段階の総体を所有という言葉で表し，それを，肯定判断，否定判断，無限判断という，論理学の概念に対応させた。そして私が論じたのは，肯定し，その上で否定するのではなく，否定が先にあり，そこから肯定が要請されるということである。とすると，所有し，使用するという普通に考えられる順番ではなく，所有しないで，まずは使用するという段階があり，そこから所有があとから要請される。そう考えると，「所有しないで使用する」ということも，論理的には可能である。それがここで私が論じたかったことであり，そのことをアガンベンは適切に，しかしヘーゲルを受けながらではなく，むしろ逆に，ヘーゲル批判として展開したのである。

さて，私が論じたいのは，そこから先のことである。

ヘーゲルはさらに，所有は使用し，そこから交換・譲渡・売買にまで進むと言っている。これは，否定を徹底することであり，そのことによって，所有を肯定することになる。この否定の徹底としての，交換・譲渡・売買という観点が重要である。

しかしアガンベンは，先の議論においても，「所有しないで使用する」と

主張することに終始し，所有物を放棄する，つまり，交換・譲渡・売買するということまでは論じていない。これも所有しないで可能なのではないか。そこまで議論しなければならないのではないか。交換・譲渡・売買は，所有の否定の徹底であり，使用するという所有の否定行為をさらに徹底するものだ。

　実際，アガンベンの提出している論点は，「否定」しかない。そしてそれに対してまず言えることは，ヘーゲルを批判する人たち（ここではアガンベン）はいつもそうなのだが，ヘーゲルに対置して提出している論点こそが，実はヘーゲルのものだということになる。これがアガンベン批判の第一点である。

　しかし，さらに次のことを言わねばならない。つまり，アガンベンの理論において，否定の契機がまだ十分に深められていないと私は思う。修道院という例外状態は，今や，普通の事態であり，私たちは皆そういう状態にいる。また身体は，誰もが使用している。その日常の中で，もっとこの否定の論理は徹底されねばならない。つまり，そこからどのようにして，無限判断論に繋げられるか。そこでは，主体化の論理が必要なのではないか。

　アガンベンの否定は肯定でもある。彼は繰り返し，所有の否定性について言及する。そして所有しないで，使用＝否定することで，その否定の積極的な力を肯定する。否定というあり方を通じて，対象と交流する。それに対して，私は，無限判断性こそ，所有論においては重要なのではないだろうかと思っている。つまりそれは，所有していて，かつ所有していないという状態である。否定が徹底されて，肯定となる事態である。それは放棄であり，交換・譲渡・売買の論理である。

　「所有しないで使用する」ということから，交換・譲渡・売買することこそ，所有なのだという論理にまで持って行かねばならない。そこで，人は主体化する。この，所有の放棄を通じての主体化の論理が問われねばならない。

　ロックも，所有の概念を正当化し，そこから人格を導出し，さらに所有物の使用が適切になされねばならないことを論じている（Locke, 31節）。その上で，貨幣の生成まで論じて（同, 36節），つまり交換・譲渡・売買まで論

じて，資本主義の擁護をしていた。アガンベンも，ロックと正反対の議論を徹底したいのならば，そこまで論じるべきである。

　実は，先の節（1-2）で，アガンベンは，所有しないで使用するということを主張しただけでなく，彼自身は，十分自覚的でないが，一切の所有を放棄して，修道院において，人とともに「生の形式」を営むということまで主張していた。これは，実は，所有の放棄こそ，所有の真の姿であるということを示していないだろうか。また，1-3 においても，身体，言語，風景は，他者とともに使用するという観点を出し，それをまさしく愛と言っていた。つまりここでも，所有を他者との関わりで論じており，所有の３番目の段階が示唆されているのである。とすると，事実上，所有のこの３番目の段階が考えられていると見ることができ，そこにおいて，所有の否定は徹底されている。私が無限判断という言い方をするのは，そこにおいて否定が徹底されており，その上で主体が成立すると考えるからである。潜在的な論点として，アガンベンにそのことを読み取ることは可能である。

　最後に，上述のことを別の観点で説明したい。所有，使用，交換・譲渡・売買と３段階あり，それは肯定判断，否定判断，無限判断であり，その論理は，肯定，否定，否定の徹底だと説明し，否定が根源だと書いた。しかし実は無限判断が根源なのではないか。

　肯定，否定，否定の徹底という順で考えると，否定が根源で，それを徹底し，そしてあとから，肯定が確認されるという説明は十分納得が行くものである。しかし，ひとつの考え方として，モノの使用とモノの交換とを考えたときに，どちらが根源だろうかと問うことができる。交換価値から価値という概念が生まれ，使用価値はあとから前提されるという考えは，私には自然である。とすれば，使用と交換のふたつを比べると，交換が根源であると言うことができる。このことはすでに扱った。（『知的所有論』3-1）。

　もうひとつは判断論の問題で，判断論は必然的に無限判断に行き着き，それを克服するには，推理論が要るというヘーゲルの考えを尊重しよう。とすれば，判断論の根本は無限判断なのである。判断の論理は分裂の論理だから，

無限判断こそ，判断論の特質を最も表している。そして判断論の内では，その分裂は結局分裂のままだから，推理論という新しい段階が必要だというのが，ヘーゲルの説明である。そして判断論の内で，無限判断に至るために，あとから，肯定判断と否定判断が要請されると考えて良い。前提があとから措定されるという考え方である。

すると，否定の根源性から，否定の徹底としての無限判断の根源性を論じることができる。このことが，本章の結論である。

アガンベンが否定の論理に留まって，交換の理論にまで進まなかったと書いた。これは重要な論点である。それに対して，このあとに扱うジジェク＝ラカンの理論の根本は無限判断論であり，彼らはこのことを自覚しているはずである。

●注
1) マルクスやロックの所有論が盛んだったのは，数十年も前の話で，今や所有はすっかり時代遅れのテーマである。知的所有や流通過程から見直す所有の再分配の問題は，なお新しい論点を含んでいるが，所有それ自体が論じられることはなくなった。しかしそこからさらに踏み込んで，所有そのものを見詰め直す作業が必要だと私はかねてから感じていた。アガンベンの，2011年と2014年の仕事には勇気付けられる。
2) 例えば，酒井隆史は，「フーコーと自由の現在」というテーマを設けて，統治論，権力論を展開した後で，例外状態を論じている（酒井2001）。
3) ここで，一ノ瀬正樹を参照した。彼は，前者の立場に立って，ロックを解釈しており，それは私の読解と同じである。そして，『統治二論』の所有論と，『人間知性論』の知識論が，同じ構造を持っていること，つまり，モノの所有と知識の獲得とが同じものであること，そして，どちらも人格を形成しているものであることも論じている。その点の理解も私と同じで，しかも，これはヘーゲルが持っている観点でもある（一ノ瀬1997）。
4) 「〈生の形式〉」は，（Agamben1996 = 2002）に収められている。
5) 上述の渋谷望と酒井隆史も，すでに2000年代の早い内に，この問題に着目している。

6) ジジェクの『ポストモダンの共産主義』における，この3)「内的自然」の問題の扱い方と，『終焉の時代を生きる』での説明とでは，少しニュアンスが異なるが，いずれも，遺伝子工学や医療技術の進展によって，人間の遺伝子や脳への手術が施されたり，それらに何かしらの損傷があって，そのために精神への影響が生じるということを論じ，身体と精神の関連を扱っている。
7) 拙著『他者の所有』第8章で扱い，また，内海健が論じている（内海 2008）。
8) 「スタンツェ」は，イタリア語の"stanza"から派生した言葉で，"stanza"は，「部屋」や「住まい」を表す。そこからアガンベンは，ヨーロッパの様々な言葉とイメージが横切って行く場所を，この「スタンツェ」という言葉で表している。
9) この絵は，上野の西洋美術館が所蔵しているが，普段見ることはできない。ドイツのいくつかの美術館にも所蔵されており，公開されることもある。なお，この絵については，以下に挙げる若桑みどりの解説を参照している。
10) 原題の「喪」は，"Trauer"で，この単語には，「悲哀」，「嘆き」の意味もあり，そのように訳す場合もある。しかし，私は，ここで，「喪」の意味を重視すべきだと思う。なお，フロイトのこの著作は，本書で繰り返し引用される。
11) フロイトの論文の訳者中山元の訳注を参照した。
12) 松本卓也は，この論文の後半で，ラカンを参照しつつ，神経症としての鬱を論じている。しかし，私が，前著で引用した内海健は，同じくラカンを参照しつつ，精神病としての鬱を論じている。神経症と精神病を，まったく別のものとして峻別すべきだというのが，実はラカンの主張であった。しかし，1970年代のラカンは，両者を関連させて，一元化を図っているように思われる。そこにラカンの思想の深化が見て取れるのである。そして，松本卓也の論じる鬱と，内海健の論じる鬱とは，位相を異にしつつ，しかしそのどちらもが，現代社会において軽症化しており，両者に関連が見られると思う。そのことは，ラカンの思想の変遷とともに論じられるべきだろう。つまりラカンは必ずしも，鬱について積極的に語った訳ではないのだが，しかし，鬱論からラカンの思想全体を見て行くことが可能だと思う。このことが，以下の2-2の主題となる。
13) 國分功一朗2015の，第4章がロック論である。

14) これもすでに論じたが（『知的所有論』第1章），現代において，すべてのものに，知的所有が何かしら関わっている。例えば，もし仮に，米の価格が，江戸時代と比べて，その物価指数から見て，10分の1に下がっているとしたとき，米の値段は，技術の進歩のために，大量生産ができるようになり，安くなったと考えるべきで，とすれば，本来の米の値段の90％以上が，知的財産であり，それが共有されているために，ひとりひとりが米を私的所有しようとしたときに，その価格が安くなっているのだと考えるべきなのである。

15) とりわけ，次の2冊を，参照した（野口祐子2010，岡田斗司夫・福井健策2011）。後者の本の中で，岡田は，モノは使用すれば，なくなってしまうが，著作権は使用してもなくならない。そういう性質の知的所有権は，なくても良いのではないかと言っている。私はそれに賛同する。

16) これはL. レッシグが提唱した。注15の前者の本の著者野口は，アメリカで，そのレッシグの下で学んでいる。

17) イロニーのこの否定性について，ヘーゲルは，「一方では，すべての実質的で，人倫的で，内容のあるものが空虚にされ，あらゆる客観的なもの，すべての支配的なものが無にされる。また，自我がこの立場に立つならば，自らの主観性以外のすべてのものが意味のない空虚なものに見え，さらにそのことによって，主観性そのものも，内容のない空虚なものになる」(p.96 = p.72) と言っている。

インタールード1　　デリダのメランコリー論

　J. デリダ最晩年の著作『雄羊』で展開される論点は2点ある。
　ひとつは友愛についてである。友愛は，ふたりが生きているときから，どちらかが先に死ぬという，絶対に逃れられない運命を抱えているという認識から始まる。そこにこそ友愛の根拠がある。生き延びたものは，相手の死を悼む。しかも双方が生きているときから，いずれはどちらかが先に死ぬのだが，実際には自分ではなく，相手が先に死んで，自分がその喪を生き抜くという予感を持っている。
　もうひとつは，相手が死んだときに，その喪の営みを拒否するということで，それはなぜかと言えば，喪の営みをすることで，他者は自己の中に取り込まれ，そのために他者性を喪失してしまうからである。しかし他者は，喪の内面化という営みを超えている存在であり，それを尊重するならば，喪の営みはしてはいけないということになる。
　このふたつの論点ともに，デリダがそれまでに書いて来た論稿で，何度も言及されているものなのだが，この『雄羊』では，この2点がセットになり，それが主題となって書かれている。しかもこのことがデリダの最後の関心事であったのである。
　すなわち，これは友愛と喪ということなのだが，友愛とは相手の死の予感であり，喪とは喪の営みをしないことである。そのようにまとめておいて，まずは，第一の観点から説明して行く。
　『雄羊』は，H-G. ガダマーが亡くなったあとの，その記念講演の記録である。年代を整理しておくと，ガダマーは2002年に亡くなり，この講演はその翌年行われ，さらにその翌年にデリダが亡くなっている。さて，デリダとガダマーは，1981年に対談をしており，しかし，それは不評で，とりわけデリダの側の対応がまずく，彼には対話をする能力がないのではないかとも言われたのである。それに対して，デリダは，そうではなく，その時から，

つまりガダマーの生前から対話は始まっており，それは内的なものであると言っている。ここには実は，あとで述べるが，対話者の相互理解を要求するガダマーの解釈学と，それをロゴス中心主義の暴力だと見做すデリダの思想との違いが潜んでいる。これが実は第二の観点に繋がるのだが，つまりここには，そういう特殊な事情が介在しているのだが，しかし，私たちは，思想の異なる，つまり人との付き合い方に対する考えのまったく異なる，ガダマーとデリダの交流という限定された状況に関心を寄せるのではなく，まずは一般に人と人との付き合いがどういうものかという関心から，この本を読むことができる。

　これはすなわち，以下のようになる。人は友人と出会ったときから，いつの日か，死がふたりを分かつことを確信している。ふたりの友の内，必ずひとりが他方の死を見ることになる。生き延びる者は取り残される。ひとりの死が他方のメランコリーの原因となる。「ふたりの友の内，一方は他方の死を見ることになるという厳然たる法＝掟（loi）」（p.20=p.18）がここにある。

　そして生き延びる者は，死んだ他者を自分の内に保存していると思っているが，彼はすでに他者の生前からそうしている。そして他者が死んだあとは，自分の内部で他者＝死者に語らせる（同）。

　片方が確実に先に死ぬという確信は，ふたりがともに生きているときから始まっているのである。これをデリダは，「アデューのコギト」と言う。「永遠のあいさつが，世界内の対話であれ，最も内的な対話であれ，対話の呼吸そのものに署名しているのだ」（p.22=p.20）。

　さて，死はまさしく世界の終わりである。死は絶対的な終わりである。その時，生き延びる者は，ただひとりで残される。彼は，「世界の外の世界，世界を奪われた世界の中にいるのだ。彼は，少なくとも，自分がたひとりで責任を負うものだと，他者をも彼の世界をも担う定め，消滅した他者と消滅した世界そのものとを担う定めを負うものだと感じている」（p.23=p.21）のである。

　この思想は，デリダのそれ以前の著作，すなわち『友愛のポリティクス』（1994）から，『そのたびごとにただ一つ，世界の終焉』（2003）に現れていて，

それはまた，レヴィナスの死の際に，弔辞として読み上げられた『アデュー』(1997) にも見られるものだ。

『アデュー』の冒頭は以下の通りである。

ずいぶん長い間，かくも長い間，私はエマニュエル・レヴィナスに〈アデュー〉と言わねばならないのではないかと恐れていました。彼にアデューと言わなくてはならない瞬間に，とりわけ声を上げて，ここで，彼の前で，彼の傍らのこんな近くで，アデューと言わなくてはならない瞬間に，アデューというこの語を発しながら，私の声が打ち震えるだろうとことは分かっていました。

しかしここから即座に，第二の観点に入って行くことになる。デリダは，フロイトの「喪とメランコリー」を引用する。「フロイトによれば，喪は自己の内に他者を担うことにある。もはや世界はない。それは他者の死における他者のための世界の終わりであり，私はこの世界の終わりを私の内に迎え入れる。私は死者と彼の世界を，私の内にある世界を担わなければならない。つまり取り込み，記憶の内化，理想化である。メランコリーが喪の失敗と病理学に応じることになるだろう」(p.73=p.80)。

これは以下のように考えるべきである。まずフロイトの引用から始める。

まずフロイトは，喪という正常な情動と，メランコリーの現象を比較することで，メランコリーの本質を解明したいと言う。そして次のように続ける。「メランコリーと喪を比較して考察するのは，このふたつの情動の全体像に共通するところが多いことからも，適切なことであろう。まずこのふたつの情動はどちらも，生活におけるある特定の出来事をきっかけとして生まれる。明確に認識できる限りでは，いずれも同じ出来事の影響から生じる。喪の営みが必要となるのは，愛する人を失った場合とか，愛する人に匹敵する抽象的な概念，すなわち祖国，自由，理想などを失った場合である。そして病的な素質の疑いのある (die wir darum unter den Verdacht einer krankhaften Disposition setzen) 人物においては，この同じ出来事の影響の下で，喪で

はなく，メランコリーの症状が発生する」(p.429=p.101)。この「病的な素質の疑われる人物」を今まで私は，「鬱親和型性格者」と呼んで来た。本書1-5ですでにこのフロイトの短い論文に触れ，またこのあと，2-2でも取り挙げる予定だが，ここでフロイトが解明したいと言い，また私が着目するのは，この，喪と比較されたメランコリーの方なのだが，ここでデリダが重視するのは，むしろ喪の営みの方である。

これはこういうことだ。愛する人を失った人は，現実を吟味し，愛する人がもはや存在しないことを確認する。その人は，失われた対象との結び付きから，すべてのリビドーを解き放つべきであると認識する。そして長い時間を掛けて，備給エネルギーを多量に消費しながら，心の内に存在し続ける，失われた対象から解放されるのである。

鬱親和型の人には，これができない。彼らにおいては，そもそも喪失の自覚はあっても，何を喪失したのかが認識されないことがある。つまり，誰を失ったかは分かるのだが，何を失ったかが分からないのである。さらに，喪では，外界が空虚なものになるが，鬱病者においては，自我が貧しくなる。対象の喪失に悩まされるのではなく，自我の喪失に苦しむのである。

さて，この鬱病の解明が，本書1-5と2-2の課題であった。しかし，ここでデリダは，メランコリーではなく，健常者の喪の行為を問題にする。

つまり，喪の営みは他者を忘れることになる。人は喪の営みをすることで，死んだ他者をもう一度殺すことになる。しかしメランコリーはそれを拒否する。喪の営みができないからだ。するとむしろ，他者を忘却しないためには，人はメランコリーを必要とする。

先のデリダの引用で，メランコリーがこの喪の失敗と病理学に応じるだろうと言うとき，私が他者に忠実であるためには，つまり，他者の単独＝特異な他性を尊重するためには，私の内に他者を担わなければならない。メランコリーは，正常な喪に抗議するに違いない。このメランコリーが，理想化としての取り込みを甘受するはずがないからだ。

喪の営みをして，他者を忘却する。そしていつしか，その他者を忘却したことまで忘却してしまう。それを避けるために，人はむしろメランコリーが

51

必要なのである。

　このふたつの観点を結び付けようとするものが，パウル・ツェランの詩集『息の転回』に収められた詩「大きな，赤熱した穹窿」である。その末尾の一行を，デリダはドイツ語で引用する。「世界は消え失せている，私はお前を担わなければならない。」"Die Welt ist fort, ich muss dich tragen."

　この短い詩には，この本の題名にもなった「雄羊」が出て来る。雄羊は生贄の動物であり，贖罪や許しを請うために，敵に捧げられる獣である。しかし雄羊は，その不運に対して，激しく抵抗する。彼らは人間に対して，また神に対して抗議する。そして世界を終わらせたいと願う。かくして，先の末尾の文言となる。これは殺戮される前の動物の最後の逆襲である。「世界がもはや存在せず，もはや<u>ここではなく，彼方</u>に存在しようとしているとき，もはや近くになく，もはやここ（da）にではなく，あそこに（fort），もはやあそこに（da）すらなく，遠くに消え去って（fort），多分無限に接近不可能であるとき，その時私は<u>お前</u>を担わなければならない。まったく独力で，お前を，お前だけを，ただ私の内に，あるいはただ私の上だけに担わなければならない」（p.68=p.73）。

　するとここで，他者を担うということはどういうことなのかということが，問われねばならない。

　『雄羊』と同時期に出版された『そのたびごとにただ一つ，世界の終焉』は，フーコーやアルチュセール，ドゥルーズなど，「友人」の死に際しての，喪のために書かれた文書を集めている。その「序論」は，P=A. ブローと M. ネイスによって書かれている。それは，この第一の観点と第二の観点とを結び付けようとしている[1]。

　デリダは，2004 年に亡くなるまでの数十年間，「喪と友愛」というテーマを追い続けた。それは「喪の政治学」と呼んで良いものである。

　喪とは，他者を自己の内に内面化する。それは生者である私たちの中においてしか，そうすることができない。つまり死者は私たちの中にいる。

しかしこの内面化には限界がある。そもそも内面化は否定できないし，また否定すべきものでもない。他者は実質的に私たちの中のイメージへと還元されてしまう。しかしこの時，この内面化に抵抗しようとする他者の存在に気付く。喪は失敗する。他者性を組み込んでしまおうとする同一化の力に対して，死の唯一無二性が抵抗する。

このように彼らは，デリダの主張をまとめて行く。これは正しいまとめだと思う。しかし彼らは，そこからこの観点を深めることなく，第一の観点に戻るのである。つまり，この喪の作業は，死そのものよりもはるか以前にすでに準備されている。ふたりの友人のどちらかが先に死ななければならないという友愛の法則に従って，喪は潜在的に，実際の喪よりもはるかに先だって作動している。

しかしそれぞれの死には世界のひとつの終わりが存在する。しかし喪のレトリックは，死を反復する。死後の不誠実と呼ぶべき所作を他者たちに加えることになる。私たちの友愛は，すべて最初から死後の不誠実によって構造化されている。

以上が，この「序論」の論点である。ここではしかし，私が思うに，友愛と喪という，第一の観点に比重があり，第二の観点，つまり喪をむしろ失敗させるべきであるということについては，十分深められていないという憾みがある。

拙著第3書『他者の所有』の8-1で鬱を扱った。鬱親和者と呼ばれる人に共通する特徴として，他者を所有しようという傾向が，恐らくは無意識の内にある。無意識と書いたのは，表面的には，鬱親和者は，人付き合いが良く，他人に対する配慮があるからである。しかしその裏には自己中心性がある。さて，そういうタイプの人が，他者の所有に失敗すると，つまりそれは相手を亡くしたり，どちらかが引っ越ししたり，また悪口を言われたりということに起因するのだが，そのために自己を維持できなくなるのである。それを私は，どこか安易に他者を所有しようとし，そもそも他者の暴力性を自己の中に組み込んでいないために，他者の暴力に脆いとした。他者との死別，離

別，他者からの非難は暴力的な行為である。そしてその暴力性こそ他者性に他ならない。彼らはそれらに弱いのである。他者を所有できると思い込んでいて，しかしそれに失敗したと言っても良い。

それから精神科医津田均の指摘に従って，鬱親和者の論理構造が，デリダのレヴィナス批判の論理構造と同じだというところから，8-2 でデリダ論を展開した。すなわち，レヴィナスは他者性を尊重した哲学者である。しかし他者を哲学の論理，つまり言語の論理で捉えようとすると，それは必然的に他者を暴力的に捉えることになる。レヴィナスは，この点に無自覚である。またそれは，相手もまた自分に対してそうしているのであり，そうなると，そもそも他者の暴力性に無自覚だということにもなる。おおよそそういう内容で，デリダはレヴィナスを批判している。ここには単なるアナロジーを超えた，他者についての本質的な特徴がある。

拙著のその章において，私は次のように書いた。すなわち，レヴィナスにとって，フッサールやハイデガーがそうしたように，他者を同化することこそ暴力である。しかしデリダに言わせれば，レヴィナスこそ，その通りのことをしているのである。他者の存在を問う限り，存在への問いに巻き込まれてしまう。他者の絶対性は，そこに現れない。

さて，本書で扱うデリダは，2000 年代のものだが，それは本質的には，1960 年代のものと変わっていないと思う。他者を暴力的に扱ってはならないというレヴィナスに対する批判が，今度は自分に降り掛かってくる。友人の死を迎えて，彼は，それを内在化せず，つまり喪の作業をせず，メランコリーに留まるのである。

『友愛のポリティクス』(1994) は，1990 年代のデリダの代表作で，そこで始まる友愛論が，『アデュー』(1997) と『そのたびごとに……』(2003) で深められ，さらに『雄羊』(2003) で，メランコリー論として結実して行った。それはしかし，すでに『エクリチュールと差異』(1967) で展開されたものではなかったか。

前書 8-2 のデリダ論において，私はレヴィナスを通じて，ハイデガー，フッサールの問題に向かったのだが，今回はガダマーを通じて，再び現象学の問

題にぶつかる。ガダマーは生前，デリダをハイデガーの後継者と見なし，対話の相手に選んだのである。ここで前回と同じ問題にぶち当たる。現象学的還元を通じて，なお，他者の根源性を保証できるのか。デリダは書いている。「純粋自我のこの絶対的孤独の中で，世界が引き退いたとき，つまり世界が消え失せているとき，自我の中で構成される他我は，純粋に現象学的な根源的直観においては，もはや接近不可能なのである」(p.75=p.82)。

　さて前書において，「他者の所有に失敗し，他者の暴力に曝された人々」と捉えられた鬱病者が，本書では，「所有を喪失した人々」として再び取り挙げられる。ここでフロイトが，その両者を結び付ける。親しい人を亡くした時だけでなく，それに匹敵するもの，つまりプライドだとか，アイデンティティなどをなくした時にも，メランコリーは生じる。自分にとって大事なものを喪失し，喪の作業をしなければならないのに，それができないという問題である。ここで「他者の所有の失敗」と「所有の喪失」を，ともに喪の問題として扱いたいと思う。

　また以前私は，他者を所有するということから，他者が所有するということに話を変え，前書8-3では，ラカンを取り挙げた。他者は根源的であり，それは所有するものではなく，むしろ所有されてしまうものなのではないかという問題意識が私にはあった。しかしそこで取り挙げたのは，新宮一成の著書であって，ラカンそのものではなかったし，そこで扱われているのは，ジジェクの言葉を使えば，古典的な，つまり初期と中期のラカンであった。ラカンは，後期に入って，実は劇的な変化を遂げていて，それこそを見なければならないし，また，そこでは直接，ラカンが鬱に言及している。それは当然，他者の問題でもある。そしてそこから，その他者の非在に進んで行く。他者が根源的で，その他者の欲望を汲み取って，所有する主体が形成されるのだが，実はその他者さえ，あとから構築されるものだ。他者に倫理的な責任を感じるとか，他者を言語化してしまってはいけないという議論の，さらにその先へ進まねばならない[2]。

●注

1) このあたりの議論は，森村修 2015 を参照している。
2) この「インタールード1」は第1章と第2章を繋ぐためのものだが,同時に,前著と本書を繋ぐものでもある。

2 他者の非在 ― ラカンを参照する ―

　ヘーゲル『法哲学』を読んで，ヘーゲルの所有論を探っている。するとその論理は，「論理学」の，肯定判断，否定判断，無限判断で言い表され，その最後の無限判断が最も所有の論理を言い当てているということが分る。さらには，その無限判断論こそ，ヘーゲルの論理全体の根本にあるものではないかということに思い当たる。

　私の他にもうひとり，ヘーゲルの論理の根本は無限判断論であると考える思想家がいて，それがジジェクである。私は，彼は『精神現象学』をていねいに読み込むことで，この考えに至ったのだと思っている。しかしそれだけではなく，やはりラカンの影響があり，つまり，ジジェクはラカンをヒントにヘーゲルを読み込んだのだろうと思う。そのことを確認したく，私自身もラカンを読む必要に迫られる。

　しかし年を取ってから，フランス語という慣れない言語で，まったく理解できないことを延々とつぶやく思想家に取り組むのは，本当に苦痛で，絶望的でさえある。ヘーゲルを読むのと同じくらいの困難があり，しかし，お前は一体ヘーゲルを理解するのに何年掛かったのかとか，今でも本当にヘーゲルを理解しているのかという声が聞えて来そうである。

　さて，今回は勉強の中間報告で，ラカンについて，ふたつのテーマで短い論考をいくつか書く。まずはジジェクにおけるラカンの影響についてで，結論を先に言えば，ジジェクはラカンをヒントにしてヘーゲルを読解して行ったのだが，同時に，そうやって得られたヘーゲルの読解を通じて，今度はラカンを読み込んだのではないか。そのことを以下に書いておきたい。私自身は，ラカンそのものはまだ読み込めていない。ラカンについては，直感的に信用のできそうだと思われる研究書を頼りにし，しかしジジェクの方は，こちらはできるだけていねいに読み込んで，まずは書いてみたい。これが，2-1である。

ふたつ目は,「ラカンの鬱論」である。もちろんラカンを解読することが目的ではなく,私自身が,所有論の帰結として,鬱論を展開しているので,それに資する限りでラカンを参照したいと思う。しかし,限定的に引用するにすぎないのに,それでもラカンの全体像が頭に入っていないといけないと思う。そしてそのためには,戦略的にラカンを読まないと,なかなかラカンの言うことは頭に入って来ない。これが,2-2 で書いたことである。

さて,ラカンは鬱については,ほんのわずかなことしか言っていないのだが,しかしそこを手掛かりに,後期ラカンを読むことができるのではないかと思う。この戦略が成功するかどうか,しかし,人は自分の問題意識でしか,本を読むことはできず,私の問題意識はまさにここにあり,そこからラカンを攻めて行くしかない。2-3 では,ジジェクのラカン像とラカンの鬱論とが,後期ラカンの行方を追うことで,重なる。

2-1　ジジェクのラカン像

まず,ジジェクの,『もっとも崇高なヒステリー者 ―ラカンと読むヘーゲル―』(2011=2016) と『イデオロギーの崇高な対象』(1989=2000) の 2 冊を使い,補足的に,『否定的なもののもとへの滞留 ―カント,ヘーゲル,イデオロギー批判―』(1993=2006) を参照しながら,ラカンとヘーゲルの論理を追いたいと思う。最初のものは,ジジェクが,1985 年に提出した博士論文を基にして,その後加筆,補正したもので,これが最も初期のジジェクの論文である。そのあとのものは,それぞれの前著の数年後に出されているが,そこに少しずつ進展が見られると思う。

ジジェクの読者は,ラカンに親しんでいる人が多いだろうと思われる。または,ラカンを理解しようとして,ジジェクを読むということが多いのかもしれないが,私は,ヘーゲルを正当に評価するために,つまり,ヘーゲルほどきちんと読まれることなく,批判される哲学者はほかにいないのだが,しかしそのことに違和感を覚える人が,ヘーゲルを救うために,もっとジジェクは読まれるべきだと思う。ジジェクはその役割を正確に認識している。先

の本格的に自説を展開し始めた最初の論文の「序」において，ジジェクは，次のように言っている（ジジェク 2011=2016）。すなわち，ヘーゲルは，汎論理主義の怪物だと思われており，主体の脱中心を強調しておきながら，絶対知に至る論理の運動の中で，そのことが消されてしまうと思われている。しかし，この汎論理主義というヘーゲル像は，ヘーゲル批評家の，（ラカン的な意味における）「現実的なもの」[1]なのである。それはまさに，ひとつの穴，ひとつの空であって，ヘーゲルをラカンに照らして読むことによって，つまり，他者における欠如という問題意識で読むことによって，この穴の輪郭をつかむことが可能になるのである。

　私はここで，ジジェクの，ラカンによって捉えられたヘーゲル観を，ヘーゲルの論理に即して説明し直してみようと思う。1985 年のジジェクを続ける。

　しばしばヘーゲル論理学では，定立，反定立，総合という移行が問題となる。しかしそこで定立があり，それが否定されて，反定立に至るのではない。あるのは，反定立という否定的行為そのものであり，そこから否定をするためには，論理的に最初に定立が必要となり，そのために，実際には事後的に，定立が措定される（2011, 第 2 章）。

　これが移行の論理である。反定立から総合に進む際にも，実は反定立と総合は同じものであって，しかし総合に向かいたいという気持ちが，すでに人の頭にあって，そのために，反定立から総合へと進む。実際に行われているのは，総合から反定立への遡行である。ジジェクの言い方を使えば，前提となっている当のものは事後的にそこにある。人がするのは遡行的確認でしかないということである。

　ヘーゲルはまた，前進即背進という説明をしている。一般にあるものから次のカテゴリーが出て来ると言うとき，前のカテゴリーを分析して，その中に次のカテゴリーが潜在的にあるのだが，しかし同時に，あとのカテゴリーを分析することで，前のカテゴリーがそこから要請されるという仕組みになっているのである。

このことは，偶然から必然への移行についても言える。つまり，必然は根源的に偶然性に依拠していて，しかし，ある事態が現実化したときには，その現実化の過程を帰結から考える，つまり遡及的に考えれば，そこから必然性を成り立たせる偶然が要求される。結果を出発点にして，シニフィアン（意味するもの）の遡及的運動こそを見るべきなのである（同）。

　二番目は，反照の論理である。ジジェクはしばしば『精神現象学』の「力と悟性」の章を引用する。つまり，本質が現象するのだが，その本質は，見かけとしての見かけでしかない。現象という概念は，現象の奥に真理が隠されているということを予感させるのだが，しかし隠されているものなど，何もない。超感覚的なもの，つまり隠されていると思われる本質は，現象の現象でしかない。これはのちにヘーゲルが，『大論理学』の「本質論」で展開することでもある（同）。

　そしてここからジジェクは，この現象の奥に隠されているものは，実は，主体という無なのであると持って行く。ここから，三番目の論理に向かう。主体は，対象という空と一体化する。この主体と客体の一致が，三番目の論理である（第4章）。

　これが無限判断論である。1985年の時点では，実はまだ無限判断という言葉は使われていない。しかしその概念は明確に説明されている。これはヘーゲルにおいては，ふたつの使われ方をする。ひとつは，『精神現象学』の無限判断で，「精神は骨である」，「財産は自己である」という言い方がなされる。つまり，精神と骨というまったく結び付かないものが，また財産と自己という，まったく別のカテゴリーに属するものが，ここでは唐突に結び付けられている，その事態こそ，ヘーゲルの論理を表している。それがまずひとつで，このことは1985年の時点で十分展開されている。つまり，事実上，無限判断を重視している。もうひとつは，『大論理学』で展開される無限判断で，これは，肯定判断があり，否定判断があって，そのあとに，肯定としての「否定の否定」が出て来るのだが，そこに至らない，つまり悪無限的に否定がなされている段階を，ヘーゲルは無限判断であるとしている。そしてのちのジジェクは，先の結び付かないものが無条件に結び付けられているという意味

での無限判断と，この判断論の無限判断を同じものだとして，否定の否定は，否定の徹底であり，それこそが，定立，反定立，総合と言うときのトリアーデの最後の総合なのだとしている。つまり，無限判断は，否定の否定の一歩手前ではなく，否定の否定そのものなのである。

　そういう作業を通じて，結局は，ラカンを救うことになるはずだ。ジジェクは，本人が言う通り，ラカンとともにヘーゲルを読んでいる。しかし私は，これは同時に，そのようにして読み込まれたヘーゲルとともに，ラカンを読み直して行くことに他ならないと考える。

　具体的にそのことは以下の観点に良く出ていると思う。ジジェクは1970年代のラカンに着目する。ひとつは，これは誰もが言うことなのだが，現実界への比重を高めたことと，もうひとつ，こちらの方が大事なのだが，現実界の定義が異なって来たことが注目されるべきである。同時にしかし，この観点は，すでに1950年代のラカンが，潜在的には持っていたものである。このことを示すために，先に，ラカンの思想をごく簡単にスケッチしておく。向井雅明を参照しつつ，まとめて行く[2)]。

　まず子どもが発達する段階において，内的な自我が最初から形成されているのではなく，自他の境界がはっきりしない段階があり，次第に，自らの外部に位置する他者の像に自分を同一化する。そしてその外部のイメージが，自らの身体の全体のイメージの理解を促す。かくして，子どもはそれを自分の自我の起源として，取り入れる。自我は外部のイメージを基盤にしている。このイメージを基本にした関係が，想像的なものである。

　さて，子どもにとって，大人は絶対的な他者である。子どもは，その絶対的な他者の話す言葉によって，人間的な法の世界，つまり象徴界に入る。この法を保証するのが，言語としての他者である。言語は構造化されている。象徴界は，この言語によるシニフィアンの世界である。

　ここで他者が二種類存在することになる。象徴界における絶対的な他者と，想像界の他者である。前者を，ラカンは大文字の他者 Autre と呼び，後者を小文字の他者 autre，または対象 a と呼ぶ。

　ここに現実界が現れる。それは言葉によっても，イメージによっても把握

できない次元である。さしあたって，このように考えておく。ラカンは，まずは，想像界と象徴界の関係から，主体と他者について，考えているのだが，次第に，現実界の重要性が増して行く。この現実界への比重が増すことと，さらには，現実界の定義が変化して行くこととが，ラカンの思想の変化の根本の問題となる。

1960年前後から，ラカンの理論的転換が行われる[3]。まず，対象aが，それまでは想像的他者，つまり想像界の他者を表すものであったのだが，それが，現実界と結び付けられるようになる。対象aは，対象と言われているけれども，実は対象性を持たない。対象とは，イメージや言語によって，表されるものであるが，しかし，真に対象を把握しようとすると，対象の想像的次元と象徴的次元を抽象しなければならなくなり，そうするとそこに残ったものが，対象性のない対象，つまり現実界の次元の対象になる。

さらに1970年代のラカンは，この対象aが現実界の次元にあるという理解から，さらに進んで，対象aは，現実界の見せかけに過ぎないというところまで行く。詳しくは次節に書く。ここではその前に，次の諸概念だけ説明しておく。つまり，反復，欲動，享楽，一者といった概念の意味を与えておく。本当は，ここに，疎外と分離の説明が必要だが，これも次節に回す[4]。

反復は，フロイトの『快楽原則の彼岸』(1920)にある考えである。患者が分析家の解釈を受け付けず，自らの病状に苦しみ，そこから抜け出せない。そこでは，患者は，過去の不快な経験を反復して，分析家に抵抗する。フロイトはそこに，死の欲動を認めている。そしてラカンはそこに，主体と現実界の最初の遭遇があると考え，それが主体の心的構造を決定すると考えた。

ラカンはこの欲動概念を重視する。主体は，最初は存在が欠如したものとして生まれて来る。シニフィアンの世界では，自らの存在を産み出すことができない。そこで主体は，シニフィアンの外にある対象aと関係を結ぶ。欲動とは，このような主体と対象aの関係である。ここで反復と欲動が，共に現実界と結び付いていることに注意すべきである。

さて，主体はそもそも存在が欠如している。しかし主体は，現実界の役割を担っている対象aと関わることで，自らの存在を得ようとする。つまり対

象物によって，自らの非存在を埋めようとするのである．これこそが欲動である．人はかくして，現実界からの応答として，主体化する．しかし，対象aが，実は現実界の見せかけに過ぎないのだとしたら，主体はこの欠如を埋めることができない．

　この問題意識が，後期ラカンにある．そこで，一者という概念を産み出すことになる．人が言語と遭遇し，言語的存在になることで，そこで，言語を超えた世界である現実界と遭遇する．その遭遇が残したものを，一者と言う．一者とは，人間が言語と遭遇したときに残された痕跡である．それはトラウマとして残り，反復現象の基になる．一者は反復する．それをラカンは享楽と呼ぶ．享楽とは，現実界において働く欲動の満足である．これは快楽のレベルを超えた強烈な体験である．

　「人間の欲望は他者の欲望である」というのが，ラカンの有名な公式であるが，ここで，この公式が成立するためには，他者を構築して行かねばならない．まず一者の享楽があり，そこから他者を構築して，欲望を成立させる．その他者の欲望を追求しながら，人は，生きて行く．

　これがジジェクだと，この間のことは，次のようにまとめられるのである．もうしばらく，1985年のジジェクを見て行く．

　ラカンは，現実的なものを象徴化過程の出発点だとしている．現実的なものは，象徴的なものに先行する，生の実質であり，それは象徴的なものによって構造化される．さらにまた，現実的なものは，象徴化過程そのもののカスであり，象徴化を免れた余剰であり，残余である．現実的なものは，象徴的なものに措定され，しかし同時に，事後的に前提されている．この論理は，先のヘーゲルのそれと同じである．

　第二の論点は，ラカンとカントを比較するとその違いが良く分かるかもしれない．カントは，物自体を，認識の不可能性としてしか提示できなかったのだが，ラカンにとって，モノは，象徴化不可能な現実的なものの核であり，外傷をもたらす出会いであり，つまり，そこで人はモノと出会うのである．それこそが，ヘーゲル的な仮象と本質の弁証法的な関係である．つまり，本

質＝モノは，仮象の仮象として措定されている。

　第三の観点は，対立物の無媒介的な一致である。ジジェクは，ヘーゲル的な弁証法の論理は，そのまま想像界，象徴界，現実界の論理であると考えている。想像的な関係が，その論理の出発点になり，それは対立物の補完的関係である。そこで成り立っている調和的な幻想は，しかし次の段階で破壊され，全体性は，象徴的関係になる。そこでは，差異性が支配的である。先の対立する両項の相補的関係は，共通の欠如を持ち，そのために，その対立はそこで，象徴化されるのである。そして最後に，その対立は統一される。そこで現実界が露呈するのである。そこではいかなる媒介も不可能であるとされる。そしてこの不可能な総合によって，差異性が真に認識される。ここに至って，象徴的システムが機能し始める。

　1985年の時点における，このあたりの叙述は，相当に慎重である（ジジェク 2011=2016, 第4章）。のちのジジェクならば，この最後の段階は無限判断であると言って，簡潔に済ませているのだが。

　以下，1989年のジジェクを見て行こう（1989=2000）。基本的な論点から見れば，すでにジジェクは，自らの思想を，1985年時点で完成させており，あとはそれを繰り返すだけである。

　「ラカンのいう現実界も，現実には起こらなかったが，事物の現状を説明するために，事後にどうしても前提としなければならず，事後に構成しなければならない行為である」(1989, 第5章)。「現実界は，象徴界的なものによって，前提にされると同時に，措定されるものである」（同）。

　ここから，ジジェクの捉える現実界は，単なる観念的なものに過ぎないと，しばしば誤解されることになる。ラカンのそれは実体的なものなのにという訳だ。例えば，C. ベルシーは，ジジェクはラカンの現実界を空無なものと捉え，そこに，観念論的な主体を成立させていると批判する[5]。その場合，ジジェクに対する批判は，文言そのものを見ると，それは正しい。しかし，その意味するところは間違っている。ヘーゲルが観念論で，ラカンが唯物論だという，通俗的な対立を前提にしているが，そもそもヘーゲルはそのよう

な対立は超えている。観念論というのは，あとのカテゴリーが前のカテゴリーを含み持っているという意味であって，ヘーゲルは精神と物質を二元論的に対立させて考えてはいない。そういう理解をした上で，ジジェクは，ヘーゲル＝ラカンとみなして，主体と客体の相互作用から，そしてその相互の否定作用から，否応なしに成立してしまう主体について語っているのである。

このことは，もう少しジジェクに即して見て行くことで，理解されるだろう。

カントは，物自体と出会うことはできないとし，物自体を永遠に現象世界から引き離すのだが，しかし，モノはただの欠如，ただの空であるかもしれず，つまり，現象的見かけの向こうにあるのは，ただの否定的な自己関係だけかもしれない。しかしそのおかげで，現象は単なる見かけであると，それを肯定的に捉えることができるようになるのである。

ジジェクは，ここでも『精神現象学』の次の箇所を引用する。それは，先の「力と悟性」の章なのだが，超感覚的なものは，真理の中にあるように措定された知覚されるものであるが，知覚されるものの真理は見かけであることである。従って，超感覚的なものは，見かけの見かけであるというものである。同じ論理構造は，『大論理学』にもあり，ヘーゲル本質論の論理を示すものである。これをジジェクは次のように言う。「見かけはその背後に何かがあり，それが見え隠れするということを意味する。だが，現象的見かけの背後に隠されているのは，隠すものは何もないという事実である。隠ぺいされているのは，隠ぺいするという行為そのものが何も隠ぺいしていないということである」（同）。欺瞞はモノの核心を構成している。現象の向こうにあるのは，その背後には何かなくてはならないと，主体が考えるという事実である。

ここから，主体と客体の一致が出て来る。これで，一貫して説明ができる。つまり，こういうことだ。主体は，見かけの向こうに何か本質があると思い，そこに近付く。しかし，その努力は失敗する。見かけの向こうにあるのは，主体という無だけだからだ。主体は無であり，他者における穴であり，対象とはその無を満たしている内容である。従って，主体は対象の中にある。見

かけの向こうにある無こそが主体である（同）。
　さらに，これも1989年のジジェクなのだが，次のように，分かり易く説明をしている。
　まず，1985年の論述と同じく次のように言う。対立する，あるいは矛盾する決定要因どうしの直接的一致こそが，ラカンの言う現実界を定義付けるものである。想像的関係では，対立する両者は相補的である。両者は，他方に欠けているものを補い合って，調和的全体性を作ることができる。また，象徴的関係においては，両者は差異的である。双方の契機の同一性は，他方の契機との差異の中にある。それに対して，現実的関係は，対立する二極が，直ちに，他方の極へと移行する。どちらも，それ自体が，すでに反対物になっているのである（同）。
　これはヘーゲル論理学の三段階から説明が可能である。つまり，最初の段階において，有は直ちに無である。有を把握しようとすると，それはそのままで，それが無であることを示すのである。互いに補完し合っているのである。そして次の段階で，本質は仮象の仮象であり，仮象は，本質の本質である。そこでは差異が前面に出ている。そして最後の段階で，否定の否定は，否定そのものであり，対立しているものは，無限判断的に一致するのである。
　総合は定立への回帰ではなく，反定立そのものである。反定立によって作られた傷の治療であり，内実は，反定立そのものに過ぎない。総合は，否定の否定だから，これは否定の否定をどう解釈するかという問題で，否定の否定において，否定は，その破壊力を失っていない（同）。
　ここで，無限判断論が明確にされていて，異質なものの結び付きと，否定の否定による対立物の統一とが，同じことであると説明されることになる。しかもさらに，それが，後期ラカンが重視した，現実的なものの関係に他ならないと説明されている。
　補足的に，1993年のジジェクを読んで行くと，この無限判断を説明するのに，カントの定義との比較をすることになる。つまり，ジジェクは，カントの無限判断論を，現象的なものを超えた世界を指し示すものだと捉える。それは物自体を示唆する。しかし，ヘーゲルに言わせれば，物自体の世界と

は，現象の限界付けそのものである。カントの無限判断論は，結局，カントの物自体論を説明するものであり，それは現象の世界とは切り離されていて，まさしくそこをヘーゲルが批判するのである（ジジェク1993，第3章）。

　最後にこのように書いてみたいと思う。ヘーゲルには長く親しんで来たが，どうにも違和感が消えずに戸惑っていて，一方ラカンについては，少々齧ってみたものの，どうにもよく理解できないという思いにあった者が，ジジェクを読むと，そのもやもやが一気に解消する。つまり，こんな風にヘーゲルを読んで構わないのだということと，同時に，こんな風にラカンを読むべきなのだということを，教えられるのである。
　ジジェクはラカンよってヘーゲルを救い，ヘーゲルによってラカンを救ったのである。もちろん私は，ヘーゲル研究者の中で，ジジェクを評価する人が皆無であること，一方で，ジジェクのラカン解釈は，臨床を欠いたものだという批判が精神科医の中にあるのは知っている。
　問題は，本当はマルクスにある。つまり，ヘーゲルの事後性と反照の論理，無限判断論を商品の分析に適用し，そのことによって，ラカンに先駆けて，症状を発見したマルクスがいる。商品の価値は，商品と商品の関係にあるのに，商品に内在する特性であるかのように現れてしまう。その商品のフェティシズムこそがマルクスの分析したことであり，それこそが，ラカンの言う症状である。
　そしてまた，マルクスは，剰余価値理論を展開することによって，ラカンに剰余享楽の概念を与えている。ふたつの価値，すなわち使用価値と交換価値のギャップが剰余価値である。それは，主体と他者のそれぞれのシニフィアンのギャップから享楽が生まれることと同じ論理を持っている。そしてそれは，対象aとも呼ばれ，主体と客体は，無限判断論的に結び付いているのである。
　ジジェクなら，次のように言うだろう。資本家と労働者の間に，労働力という商品が交換される。それは正当で等価な交換である。しかし労働力という商品は，使用されることで，余剰の価値を産み出す。その剰余価値は資本

家のものとなる。つまり資本家に搾取される。しかし正当で等価な交換と，搾取という交換は，まったく同じものである。ここで，剰余価値は，普遍的交換の残余として指示される。ここで主体は，交換不可能な残余に直面している。これはラカンの，剰余享楽としての対象 a を予告するものである。

そういう論理を展開したマルクスこそが，ここで取り上げられねばならない。ジジェクのヘーゲル＝ラカン論がもたらしたのは，そのマルクスの解明であって，一方で，ヘーゲルこそがマルクスを先取りしていたのだということ，そしてもう一方で，ラカンの学説こそ，マルクスの政治イデオロギーをラディカルに含んでいるのだということ。このことが示されている。

晩年のラカンは，さらに過激だ。存在するものすべては，症候であると，これはジジェクのラカン解釈である。厳密に言えば，存在する諸現象に一貫性を与えているのが，この症候なのであり，それは享楽の実態であり，現実的なものの核である。シニフィアンの相互作用は，それを中心に構造化されている（1989, p.113ff.）。このラカンの辿り着いた，普遍化の理論が，次に検討されねばならない。

2-2　ラカンの鬱論

本書 1-5 で，鬱を論じている。所有論の帰結として，喪失の病である鬱に言及し，またアガンベンの論を，「所有しないということ」を主張しているものだと捉えた。そのアガンベンが，修道院における鬱を論じていて，1-5 ではそのことを対象とし，その際に松本卓也の「フロイト＝ラカンのうつ病論」を参照し，その前半の議論を引用した。本節は，その続きである。いよいよラカンの鬱論について議論したい。

まず，ラカンの「4 つの言説」を取り上げ，続いて，5 番目の「資本主義者の言説」について説明する。ここからラカンの鬱への言及を見て行きたい[6]。

疎外と分離の説明から始める。ここに，剰余享楽と対象 a，それに象徴界と現実界の関係という，ラカンの基本的な概念がすべて出て来る。

2　他者の非在 ── ラカンを参照する ──

　真理によって支えられた動因が，他者に命令する。その結果として生産物ができる。これが，1から4までの動きである。ここで，動因が他者に命令する，この流れがシニフィアンの流れである。その際に，動因は真理によって支えられるのだが，その真理を登場させる操作が，疎外である。そして，他者から生産物を抽出する操作が，分離である。またそのようにしてできた生産物は，しかし真理からは遮断されている（∥）。
　さて，ラカンの取り挙げる言説は4つあるのだが，その第一のものは，「主人の言説」である。これは以下のようになる。

```
2  主人のシニフィアン    3  他のシニフィアン＝知
1  斜線を引かれた主体    4  対象 a ＝剰余享楽
```

　まず疎外の操作がある。これは，主人のシニフィアンが他のシニフィアンに対して，主体を代理表象する操作である。ここで最初にあるとされる主体は，斜線を引かれた主体だとか，自由を持たない主体だと言われる。これは現実界に属している。そこから人はシニフィアン＝象徴界に入る。その際に人は享楽を失うのだが，こうして失った享楽を，今度は，対象 a として抽出し，その対象 a の享楽として回復する。これが分離という操作である。対象 a は，残余として生み出される。「言説の理論」とは，シニフィアン＝象徴界と，享楽＝現実界を組み合わせる理論である。そこでは，シニフィアンの導入によって，主体が享楽を断念すると同時に，対象 a としての剰余享楽が生まれていて，しかし，その剰余享楽は，主体とは遮断されている。

　「大学の言説」だと次のようになる。

69

2　知　　　3　学生＝対象a
1　真理　　4　学生＝斜線を引かれた主体

　知は真理を権威として要請する。その権威の上で，知は学生に話し掛け，学生は，主体を作り出す。つまり学生に知を与えることによって，学生を主体化させるのである。しかしその主体として生産された学生は，真理を問うことはできない。そこは遮断されている。

　次は「ヒステリー者の言説」である。

2　ヒステリー者としての空虚な主体　　3　医師
1　剰余享楽　　　　　　　　　　　　　4　知

　ヒステリー者は，分裂した主体として存在し，医師に自分の症状の意味を問い掛け，同時に，自分の支配できる人を主人＝医師として選ぶ。そのために，医師が生み出す知は，真理に至らず，つまりヒステリー者が最初に持っているとされる剰余享楽とは遮断されている。

　最後は「分析家の言説」である。

2　分析家＝対象a　　　　　3　空虚な分析主体
1　知＝他のシニフィアン　　4　主人の（無意味な）シニフィアン

　分析家が分析主体に働き掛けるのだが，その時，分析主体は，分析家の背後に知があるものだと想定している。つまり分析主体には分析家が，魅力的な人物（これが，対象a）として現れていて，しかし最終的には，それは屑として捨てられる。空虚な分析主体は，主人のシニフィアンを産み出すが，それは知＝他のシニフィアンからは切り離されている。

ここに5番目として,「資本主義の言説」が加わる。これはラカンの「イタリア講演」と『テレヴィジョン』にある[7]。これは,先の「主人の言説」に変更を加えたものである。

2　斜線を引かれた主体　　3　他のシニフィアン＝知
1　主人のシニフィアン　　　4　対象 a

具体的には,「資本主義の言説」と「主人の言説」とでは,1と2が入れ替わっており,そこが異なる点である。すると,主体は,他のシニフィアンに働き掛けることによって,対象aを産み出すことになり,この3つは繋がっている。しかし,「主人の言説」に見られた,主体がシニフィアン＝象徴界に入ることによる享楽の喪失は,ここでは見られない。つまり,主体は対象aという享楽を喪失することなく,獲得する。これは資本主義の言説においては,喪失はなく,次々と新しい商品が現れて,欲望が満足されるということを意味している。消費化社会における消費者の姿である。そして欠如を通じて,主体化を図るということができなくなる。

もうひとつの特徴は,この「資本主義の言説」は,先の「分析の言説」と正反対の構造を持っているということである。「資本主義の言説」において,主体は,際限のない消費に追われる現代社会の私たちの享楽を示している。しかし,「分析の言説」において,分析家が,最終的には,屑となって,対象aとしての自らを示すことによって,主体に,欲望の原因のおぞましさを教える。つまり,分析主体に構造の中での自らの位置を知らせるのである。

そこから,ラカンの鬱論を論じる場合に必ず引用される文言が出て来る。「例えば,悲しみを,人は抑鬱（dépression）と呼び,……それは単純にひとつの道徳的な過ちなのです。すなわちひとつの罪,つまりひとつの道徳的な怯えなのであり,この罪は最終的に思考によってしか,つまり善辯（bien dire：善を善く辯ずること）の当為,あるいは無意識の中,構造の中で自らの位置を知ることの当為によってしか位置付けられないのです」(『テレヴィジョン』p.60)。

訳者が「善辯」と表現した事態こそ，分析主体の主体的契機を表現している。しかし，「資本主義の言説」の中では，自らの欲望の対象としての商品に直接近付き，無理やり商品を消費することになる。そこで主体を創って行くことができない。欲望は決して満足されず，主体は死滅する。このことが，現代社会で鬱が蔓延していることと関係があると，松本は言う（松本2015a）。

　さしあたって，樫村愛子を引用して，ここのところを補強しておく[8]。樫村2007でも，ラカンの「言説の理論」を挙げて，社会現象を説明しているが，樫村2011では，まさにこの言説の理論と『テレヴィジョン』とを参照しつつ，鬱について説明している。様々な論者の指摘を受けて，ラカンの言及するのは非内因性のもので，つまり環境反応性，性格因性の神経症としての鬱が増加しているとしている。また，内因性の鬱と心因性の鬱の区別がなくなりつつあること，及び内因性の鬱の軽症化にも触れている。また，ラカンの言葉として，鬱は父の審級の弱体化により生まれる「現代の最大の神経症」であるとまとめている。つまり，規範や指標の解体，大文字の他者の衰退がその背景にある。

　さて，しかし，鬱の捉え方が，私が今まで扱って来たものと異なるという印象がある。1-5で扱った鬱は，神経症としての鬱（ディプレッション）で，現在，世に蔓延しているとされるのはこのタイプのものだし，またアガンベンの挙げている修道院の鬱も，これに近いと思われる。しかし，私が前著で扱ったものは，それとは異なると思えるのである。そこをどう考えるか。内海は次のように論じている（内海2013）。

　鬱は本来精神病であるが，軽症化の潮流の中でそのことが忘れられている。しかし，ここを押さえないと，鬱の特徴を把握できなくなる。

　また鬱の特徴のひとつは，躁の要素を隠し持っているということである。つまり鬱について考える際には，躁状態も考察の射程に入れないとならない。

　その躁鬱は，周期性の経過を取る。つまり高い回復性を持ちつつ，他方で再発のリスクを抱えている。病巣を何度も反復するが，しかし基本的に社会

的機能は復元される。

　さらに内海は，フロイトの『喪とメランコリー』に言及し，その骨子を以下のようにまとめる。つまり，メランコリーの出発点は，対象喪失にある。患者自身は，何を失ったのか，しばしば分からないときがあるから，それは表象不可能なものとしてあるのだが，しかし，何かしらの喪失が原因である。その上で，その喪失が，世界の貧困化に向かわず，自我の貧困化になってしまう。つまり，対象喪失は自我喪失になる。そしてそこでは，リビドーは対象から自我へと引き上げられる。喪失し，断念された対象へ，自我の自己愛的同一化が図られる。対象への非難は，自我へと向けられる。自己を告訴し，完全な自我の貧困化に至るのである。

　さらにそこから，今度は H. テレンバッハを引用しつつ（テレンバッハ 1978），メランコリー親和型性格を抽出する。それは，ひとつは際立って秩序志向性と対他配慮性を持っているというものである。社会適応性は極めて高い。本来精神病であるはずの鬱病が，社会的に正の標識を持つことは精神医学にとっては，極めて例外的だと，内海は言っている。

　また，その性格の特徴として，その基底に自己愛的対象関係があることが指摘される。主体は，対象に配慮し，献身的に尽くす。それは，結果として，反対給付として，社会から信頼されるという形で，十分便益を受けているのだが，本人の意識では，まったく見返りを求めていない。そもそも本人はこのメカニズムに気付いていない。そこが，まさしく自己愛であることの表れである。

　この対象への尽力と，そこから得られる無意識の見返りという円環は，しかし，自己愛の傷を持っている。それは，死せる母，応答しない母ではないかということが示唆される。母は，微笑む母ではなく，ここでは，死の抱擁を迫る母である。自己愛的対象関係は，こうした傷に対する代償である。

　そしてこの円環が切断されると鬱を発症するのである。自分の子どもが大人になって，親元を離れるときだとか，引っ越しだとかということが，契機となる。内海は，これは精神病なのだがと繰り返しつつ，問題は，つまりは，メランコリー親和型性格にあると言っている。

さて，この記述は，すでに前著で私が，ここでも内海の，しかし，別の論文を引用しつつ，論述したものである。私のイメージする鬱は，まさしくこういうもので，しかし，これは，先の，松本の描く像と大分異なる。
　簡単に言えば，松本や樫村が描く鬱は，神経症としての鬱であり，内海が描くそれは，精神病の鬱なのである。
　もちろん，鬱が精神病なのか，神経症なのかという話ではない。精神症としての鬱があり，神経症としての鬱があり，そもそも両者は出自からしてまったく異なるのである。しかも分類ということならば，もっと様々に分類されている。
　例えば，高岡健は，古典的な鬱の分類を試みた後に，現代の鬱の軽症化していることに触れ，「逃避型抑鬱」，「短期反復型頻回欠勤」，「ディスチミア（気分変調症）親和型鬱病」などを挙げている（高岡2009）。総じて古典的には，内因性（精神病）の鬱があり，現代では，神経症的な鬱が多くなっている。
　そうして今，そのどちらも軽症化している。問題はその両者の関係がどうなのかということである。それを考えるためには，そもそも精神病と神経症はどういう関係なのかということを考えねばならない。

　ここで注意すべきは，先の「言説の理論」は，神経症を論じるものであるということである。そこは確認する必要がある。つまり，先の「主人の言説」で，主体と対象aは遮断されていた。この遮断がファンタスム（幻想）に相当する。神経症者は，ファンタスムを使って，対象aから身を守る。ファンタスムはバリアであって，これを用いて，神経症者は，不安から防衛する。
　しかしこれが精神病者にはできない。彼は，ファンタスムを形成し得ず，対象aを抽出できず，むしろこの対象aが至るところで氾濫して，自らを防衛できず，妄想を形成して，身を守るしかない。つまり，精神病者には，この「言説の理論」があてはまらない。精神病者は，「言説の理論」の外部にいる。
　しかし今や，精神病者の妄想を，この「言説の理論」の外部にいるという風に説明できる。精神病者の，その妄想の過程は，「主人の言説」において，

「主人のシニフィアン」から「他のシニフィアン」への，神経症者の言説の流れと同じ構造をしている。つまり精神病者だけが妄想を作っているのではなく，神経症者も，また神経症者と接続していると考えられる健常者も，妄想を形成しているという点では変わらない。

　松本卓也は，ラカンの理論と実践の核心は，神経症と精神病の鑑別診断にあるとし，その問題設定の上で，ていねいなラカン読解を試みている。ここではその結論部分を引用する。

　1950年代のラカンは，エディプスコンプレクスを構造論化した。そして神経症は，エディプスコンプレクスが導入された構造であり，精神病はその導入に失敗した構造として捉えられる。1960年代には，エディプスコンプレクスは，疎外と分離の操作へと抽象化され，神経症は，疎外と分離を終えた構造として，精神病は分離に失敗した構造として位置付けられる。だから，先の「言説の理論」は，基本的に神経症の説明である。しかし，1970年代になると，神経症と精神病を差異化していたエディプスコンプレクスそのものが相対化される（松本2015c，p.321）。

　もう少し具体的に展開してみる。エディプスコンプレクスはひとつのシニフィアンの導入であり，とりわけ「父である」というシニフィアンがエディプスコンプレクスの中核をなす。人はエディプスコンプレクスを通過して，象徴界に参入することができる。これは父親的なものを殺して，母親的なものと一体化するという象徴行為である。この構造が，神経症では機能しているが，精神病では壊れているのである。

　これが，どのようにして，1960年代の疎外と分離の理論に繋がるのか。

　疎外とは，シニフィアンの構造（これが大他者と呼ばれる）の導入によって，人間が元々持っていた享楽を失い，この消失の上で，主体が現れるということである。そのようにして生まれた大他者は，それ自身の内に欠如を抱え込んだ不十分なものなのだが，その欠如を埋めるために，かつてあった，元々の享楽を，何とか代理させようとして，対象aを抽出する。この過程が分離である。これは，セミネール第7巻『精神分析の倫理』で説明されてい

る。

　ここから,「言説の理論」が出て来たのである。1960年代末のことである。この理論において,先の疎外と分離がうまく説明されている。

　そうすると,「言説の理論」の意義は,神経症と精神病の区別を相対化するものである。さらにこののちのラカンは,両者を一元化する。「言説の理論」に拠って,エディプスコンプレクスを別の観点から捉える。つまり,精神病を「言説の理論」で捉えることにより,言説の理論が,エディプスコンプレクスと同じ役割を果たすことになるのである。

　以上の観点で,ふたつの鬱を整理できる。
　神経症としての鬱は,主体が対象への欲望を失い,対象への備給を撤収する。一方,精神病としての鬱は,対象aとの距離が取れず,自ら主体が,屑としての対象aになる。この精神病としての鬱は,対象aを抽出できないということで特徴付けられる。しかしこれが軽症化している。

　内海は,この軽症化した精神病としての鬱を,普通精神病という概念に求めている。本当はこの普通精神病を説明するのに,サントームの理論の説明が要るのだが,これは次節に回す[9]。ここでは単に,精神病が一般化し,数が増え,他方では,その質が変化しているということがあり,さらに従来の分類では掌握できない症例の増えたことに対応して,これはラカンの死後に,ラカン派のミレールが,1998年に提唱したものである[10]。以下,この普通精神病を説明し,そこから,鬱の軽症化について考えてみたい。つまり,精神病一般だけでなく,鬱についても同じことが言えるだろうからである。
　現代の精神病は,以前のような華々しい幻覚や妄想を持たない。精神病の構造を持ちながら,未発病のまま,生活を送る例もある。また,この普通精神病は,むしろ神経症的だが,神経症であるとも言えず,隠された精神病があるのではないかと言うときに,暫定的に診断するものである。
　M=E. ブルースの解説では次のようになっている。普通精神病は,精神病と神経症の二項対立から排除されたものである。それは神経症ではなく,神

経症と精神病の境界例でもなく，精神病であるのだが，減衰した精神病であり，隠れた精神病である（ブルース2015）。

　重要なのは，ふたつのまったく逆方向に注意が払われるべきだということである。それは，ひとつは，精神病的でもあり，神経症的でもあるのだが，臨床のためには，神経症を理論的に精緻なものにして行かなければならなくなるということで，もうひとつは，それは明確な精神病ではないので，精神病が薄められた形で蔓延していると考えるべきで，さらには，健常者と接続されていて，そこからさらに，誰もが妄想的だということにもなる。

　特徴は，次の3つである。まず，社会の中での逸脱がある。これは職場や家庭から，脱接続したり，または逆に過剰に同一化したりする。第二に，身体が自己に接続しないということがある。身体に対して，不安定な感情を持ち，どこかずれていると感じるのである。第三に，自己に対して，独特の空虚感がある（松本2015b）。

　鬱が精神病であることは，やはり内海に倣って，確認しないとならない。それは分離に失敗している。ファンタスムを形成しない。対象aを抽出できない。これらは明白に精神病の特徴である。それは，剰余享楽を与えない大他者への告発であり，働けという勤勉の倫理でもある。また，それはやはり，鬱親和的な性格の問題でもある。人格構造の問題である。

　しかし，次のこともまた重要である。つまり，所有物だと思っていた対象の喪失があり，それが自分に向かって，自責の念が生じ，しかしそれは自己愛の裏返しであり，そこから妄想が発生するという，精神病のタイプの鬱を特権化する必要はなく，モノがあふれ，処理し切れず，その中で自己を喪失して行くという，神経症のタイプの鬱もまた，モノを正当に消費することができず，つまり満足感を迫られて，欠乏を感じることがなくなり，そこから自己を作り得ず，人間関係を作り得ないという点では，同じく所有の病として，ここで考察すべきである。

　アガンベンの論じる修道院の鬱も，それ自体が何か，つまり，精神病なの

か，神経症なのかということが私にとっての問題ではなく，しかし，アガンベンは，それを所有の喪失の問題だとしている．そのことが重要だ．

一方で，精神病としての鬱が軽症化し，他方で，神経症としての鬱も軽症化している．その両方を，所有の病として，現代社会の中に位置付けて行きたい．そしてまた以前は，私たちは皆，ヒステリー（神経症）であると言われていた．今や，私たちは皆，妄想する（精神病である）（松本 2012, 2014, 2015c）．

これらのことを，さらに次節で考えたい．そうすると，これらの鬱を巡る論説と，前節で論じた，晩年のラカンについてのジジェクの解釈とが，そこで交差する[11]．そのことを書きたいと思う．

2-3 サントームとは何か

「ジジェクのラカン像」を書き，「ラカンの鬱論」を書いた．そのふたつのテーマが，この「ラカンのサントーム論」で結び付く．

再度，内海健を引用しつつ，精神病型の鬱の特徴をラカンの観点で見て行く（内海 2013）．まず前節で，普通精神病について紹介したが，この概念とともに出て来るのが，サントームで，それは，「象徴的なものと現実的なものとの不調和を，想像的なものが補いきれないというパターン」(p.9) のことである．そしてそれは，想像的なものの衰退によって，象徴的なものと現実的なものの調停が困難になるという，大きな時代の流れの中で生じている現象である．そこに精神病の軽症化，神経症の末梢化が起き，普通精神病の概念が提出されたのである．精神病的鬱は，この傾向を先駆けて示すものである．なぜなら，鬱親和型性格者は，ごく普通の人であるのに，そこにしかし，明らかに精神病が覚知されるからである．これが第一番目の指摘である．

次いで，鬱親和型性格の自己愛的同一化の傾向は，ラカンの用語で言えば，「分離」に当たるという指摘がある．分離において，主体は大他者の中に欠

如を見出し、そこに同じく欠如としての自己をはめ込む。しかし、そこに鬱親和型性格の場合、現出するのは、自己と対象が一体となったあり方で、すなわち分離はされ得ないのである。すると彼らは、その段階に留まって、大他者を非難し続けるということになる。そこでは自己非難と他者非難が区別され得ず、他者に尽くして来たのに、それが報われなかったという恨みが延々と述べられることになる。

　ラカンの理論では、分離の次にファンタスム（幻想）が来る。それは大他者の享楽から防御するスクリーンのようなものである。しかし鬱親和型者は、分離の段階ですでに失敗しているから、ファンタスムを形成し得ず、大他者に直接曝され、大他者の差し出す剰余享楽を直接享受する。ここで、内海は、この鬱親和型性格、すなわち病前性格そのものを、幻想の機能不全に対応するサントームとして考えると言っている（p.13）。要するに、普通は、幻想が形成されて、それで自他関係の意味付けが行われるのだが、鬱親和型性格者では、それができないので、そこでやむを得ず、代わりにサントームが現れて来るのである。彼らの性格そのものがまさしくサントームであるという指摘である。これはまた、幻想が形成されないときの、幻想の頽落したあり方だと言うこともでき、これがサントームではないかと言うのである。ではサントームとは何か。内海は、これらの考察を、ジジェクの示唆に拠るとしている。以下、ジジェクを見る必要がある。

　しかしその前に、サントームとは何かということを、もう一度ここでも向井雅明を使って、簡単に解説してみたい。それによって、理解が容易になる筈である（以下、向井2016、第7章の最後の節を参照する）。
　サントーム（sinthome）とは、症状（symptôme）の古い表現である。サントームとは、まずとりあえずは、この症状と同じ意味を持つ。そしてこの症状とは何かと言うと、それは無意識の生成物であり、人間の言語活動から出て来る隠された意味と考えれば良い。
　向井を使って、前節までのおさらいをしておく（以下、391ff.）。ラカンは、後期になって、次第に現実界への比重を高めて行く。最初は対象aこそが、

精神分析において，現実界を表すものだと考えた。対象 a とは，想像的他者（autre）のことである。しかし，対象 a は実は現実界の見せかけでしかなかった。そこで登場するのが，一者という概念である。人間は最初に言語に遭遇し，言語的な存在となるが，そこで現実界との遭遇がなされるとラカンは考える。その遭遇が残したものが一者である。つまり，一者とは，人間が言語と遭遇した時に残された痕跡である。それはトラウマであって，反復現象の基になる。それをラカンは，S1 と表す。それは最初のシニフィアンであり，単独で存在する。

すでに私たちは，S1 —— S2，つまりシニフィアン 1 からシニフィアン 2 への言語構造を知っているが，そちらを二次的なものとし，それ以前にあるものとしての単独の S1 を考える。S1 は直接現実界と接触しており，これを現実的無意識と考える。それに対して，S1 —— S2 が表す無意識は，言語として構造化されている無意識であり，こちらを一段格下げする。

一者は反復する。それが享楽である。一者の享楽がまずあり，そこから他者が構築され，幻想が作られ，欲望が成立し，他者の欲望を生きる者としての主体化が図られる。

さて，そこで，症状とは，S1 —— S2 の観点から捉えられた言語的なものなのに対し，もう一段深いところにある，享楽，または現実的な無意識，または S1 の観点から，この症状を再度捉えると，それがサントームである。このように定義することができる。症状は，精神分析によって，その隠された意味が探り出されると考えられたのだが，その症状は固着点を持っていて，そこに享楽を認めるのである[12]。

松本卓也は，以上の一者からサントームへの流れを，以下のように簡潔にまとめる（松本 2015c, pp.349ff.）。

まず，ラカンは 60 年代後半から，享楽を重視するようになる。それは，象徴界から拒絶され，現実界に再出現した真理として現れている。この享楽は，意味の問題としては捉えられず，一者という概念がそこで要請されるのである。このことは，先の「言説の理論」で説明できる。すなわち，「分析

家の言説」において,「主人の言説」において成立していたS1 ── S2の流れは分断されて,知のシニフィアンS2から切り離されたS1,すなわち一者のシニフィアンが析出されている。ここでまず,知のシニフィアンS2よりも,一者のシニフィアンS1の方を根源的だと考える。そしてこのことによって,エディプスコンプレックスの支配から,享楽を重視する考え方へと変更がなされるのである。

　そこで以下の3点が確認される。まず,かつて症状は象徴界で捉えられていたが,次第に症状が根として持っている享楽の側面が重視される。第二に,S1 ── S2という言語構造よりも,無意味なシニフィアンであるS1が重視される。第三に,非エディプス的な享楽を重視する。そしてこれらが,サントームへの流れを準備したのである[13]。

　さて,これらの整理の上で,ジジェクのサントーム論を拾って行く。私はラカンのサントーム論を直接読解できないが,ジジェクのラカン像は理解し得る。実際,サントームについては,ジジェクは盛んに発言しており,多くの論者が,ジジェクのサントーム論を参考にして,ラカンを理解しているのではないか。また,上に書いたように,サントームは,精神病と神経症の関係を問うものなのだから,本節は,ラカンの鬱論の続きにもなる。「ジジェクのラカン像」と「ラカンの鬱論」の交差するところとして,「ラカンのサントーム論」を書きたい。

　まず,『斜めから見る』(1991=1995) を読む。この本の第7章は「イデオロギー的サントーム」という題を持つ。ここがジジェクのサントームの説明としては,最も充実している。ここは良くできていると思う。

　まず,現実界が強調され,そこから,サントームの定義をする。ラカンはその教えの最後の段階で,「白痴的な享楽の染み込んだシニフィアンの断片」をサントームと呼ぶ。それは症候ではない。すなわち,「症候は,解釈によって解読されるべき,暗号化されたメッセージであるが,サントームは意味のない文字であり,即座に〈意味の享楽〉を獲得する」(p.240)。

　それから,「言説の理論」の紹介がある (p.244)。1960年代末に提出され

たこの概念は，それまでの標準的，古典的ラカンと，最後期のラディカルなラカンとを分かつものである。

まず，「主人の言説」では主人のシニフィアン S1 が，他者のシニフィアン S2 のために，自らの真理を，斜線を引かれた主体 $ として表象する。そしてこの意味表象作用が行われると，そこに小文字の a で表わされる残余，厄介な剰余が生み出される。前節に書いた図を再掲すれば，以下のようになる。

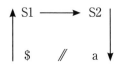

そして残りの3つの言説は，結局は，コミュニケーションのネットワークにおける，可能な組み合わせを示している。

さて問題は，この「言説の理論」の意味としてのコミュニケーションの領域をどう突破するかということである。ここで一者の概念が出て来る。これは，享楽にたっぷり浸かっているシニフィアンの一者であり，この一者の次元を表すために，サントームが必要である。

そのサントームを，ジジェクは独特の例えで説明する。以下，3つの例え話が展開される。

まずは，「奇怪な根，またはこぶ」の話である（P.248）。P. ハイスミスの短編小説が使われる。田舎に越して来た母と息子がいる。その家の裏庭に池があり，奇怪な根が伸びている。ある日息子がその根に絡まって，溺死する。母親はその根を枯らそうとして，毒を撒き，また斧で切ろうとするが，できない。最後は，母親もまた，その根に絡まれて行く。ジジェクはその根をサントームと呼ぶ。また，同じ著者の別の作品では，墓地に奇怪なこぶができるのだが，そのこぶもまた「享楽の芽」であると言う。

また，「ブラックハウス」は，これもハイスミスの小説から得たものだが，ジジェクのこの本の第1章（p.28）に説明がある。アメリカの小さな田舎町で，男たちは毎晩，居酒屋で話をしている。彼らは共通して，町はずれにある廃

屋，ブラックハウスに言及する。そこはとりわけ性に関する侵犯を経験した場所なのだ。そこによそ者が来て，その廃屋を探求するのだが，その男は殺されてしまう。町の男たちにとって，ブラックハウスは，彼らの欲望を投射する空っぽの空間である。そのことをよそ者が暴露しようとし，殺されてしまったのである。

また，さらにこれもハイスミスの小説で，「ボタン」の例も出ている (p.250)。ダウン症の子がいて，彼の父親は，息子を嫌悪している。ある日その父親は，酔っ払いと喧嘩になり，相手を殺してしまうが，その際に，酔っ払いの着ていた服から取れたボタンを握りしめている。そのボタンを彼は大事にしまっている。これは「現実界のかけら」だとジジェクは言う。父親はその後，息子に嫌悪感を抱かなくなるのである。そのボタンのお蔭で，彼は日常生活と折り合いを付けたのである。

この3つの例が，ラカンの『アンコール』で使われる三角形のベクトル図[14)]と見事に一致する。

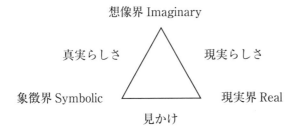

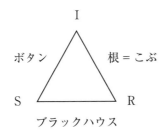

象徴化を発動させる現実界における穴，すなわち対象aは，ブラックハウスであり，そこに私たちの幻想が投影される。現実界の想像化は，池の根や墓地のこぶである。すなわち享楽を物質化するイメージである。最後に，大他者の欠如を示すシニフィアンは，現実界のかけらであり，ボタンがそれに相当する。

ジジェクが，ここから導き出して提案するのは「サントームと同一化すること」(p.255) である。サントームは症候よりも，また幻想よりも根源的である。それは症候として解釈することができないし，幻想として通り抜けることもできない。根源的にそれらが不可能なものであって，あとはそれに同一化するしかない。

サントームは，享楽の整合性が依存している病的な特異性とも，享楽の真の核を構造化している病的な痙攣とも言われる。私たちはそれに同一化するしかない。

　もう一点指摘しておきたい。それは他者の問題である。

主体が他者に働き掛けるのだが，まだその時点で，主体は主体として確立していないし，他者もまた他者として確立されていない。つまりまだ意識は自己意識となっていない。相互の関係性があるだけである。まず主体が他者に働き掛け，そして他者もまた主体であって，今度は，主体としての他者が，他者としての主体に働き掛ける。主体は，他者から働き掛けられることで，自らを主体として確立し，また同時に，他者を主体として認識する。相互承認が主体と他者を確立させる。

以前に私は，おおよそそういう議論をしている。とりあえずの主体があり，とりあえずの他者がいて，両者の交互作用によって，それぞれ主体と他者として確立される。

さてここで議論をしているのは，もっとそれよりも根源的な話であり，とりあえずの主体もとりあえずの他者もいない。先の向井の解説を参照しつつ，サントームについて述べた箇所での表現を借りれば，これは，言語として構造化されている無意識から，もう一段深いところにある無意識の話である。

ジジェクの言葉で言えば，コミュニケーションの領域を突破したところでの話である。

ここで主体は他者への応答として，または他者からの応答として存在するのではない。主体は，現実界との応答として成立する。他者は保証されていない。「他者は，現実界の本質的偶然性を隠蔽する遡及的幻想に過ぎない」(1991=1995, p.138) とも言われる。つまり他者はいない。

補足的に，以下の本を挙げる。『イデオロギーの崇高な対象』(1989=2000) である。

この本は，まず症候の話から始まる。それからサントームへと話が移って行く。

症候は意味のない痕跡であり，しかし，その意味は事後に，遡及的に構成される。症候はそのようなものとして存在する。そしてその意味が構成される前の段階において，世界に存在するものはほとんどすべて，症候である。それをさらに厳密に言えば，世界に存在する諸現象に一貫性を与えているものが症候である。まずはそう言うことができる。

そこに排除の理論を付け加える。つまり言語がとりわけその機能を持つのだが，シニフィアンの秩序化をする際に，必ず排除がなされる。象徴界から象徴化され得ないものが排除されるのである。その排除されたものが向かう先が，現実界である。それは象徴的構造化から排除されて，症候として回帰する。つまり，症候は，現実的なものである。

さてその症候は解釈され，意味付けされるのであるが，その際に，その症候は，自ら意味の世界で溶解してしまわないのだろうか。どうして症候として生き残るのか。症候の解釈を超え，さらにはそこから発生する幻想をも超え出て，消えないで残る，核となる症候があり，それがサントームである。それは，解釈も幻想も超えて生き残る，病理的な形成物であり，それゆえ根源的と言うべきものなのである。

ここに享楽の概念が要請される。症候は，主体が自らの享楽を組織化するための手段なのである。サントームは，享楽に貫かれた意味的形成物であり，

意味の享楽の担い手としてのシニフィアンである。また，サントームとは，享楽によって満たされ，貫かれる，ある種のシニフィアンだとも言われる（以上，第 2 章「症候からサントームへ」）。

さらに，この享楽とシニフィアンの関係が考察され，サントームとは，享楽が直接浸透した意味形成，または享楽とシニフィアンの不可能な接続であるとも言われる。ここにあるのは，想像的同一化ではなく，幻想に支えられた欲望である。幻想は，他者すなわち象徴秩序が，享楽の現実界を巡って構造化されているという事実を隠蔽する。つまり幻想は享楽を飼い馴らす。しかしその幻想を超え出て行くと，その向こうには，死の欲動しかない。この幻想を生き抜くこと。これがサントームと同一化するということであり，ここでもこれが，ジジェクの提示する結論だ（以上，第 3 章「汝，何を欲するか」）。

すでに，2-1 で書いたことだが，このあと，ジジェクは，ラカンとヘーゲルを結び付ける。つまり，現実界は対立する二極の直接的な一致であり，従ってそれは無限判断である。それはまた，「否定の否定」であり，つまり定立，反定立，総合と来るヘーゲルのトリアーデにあって，反定立と総合とは同じものである。

そこから次のような結論が出て来る。象徴的秩序，すなわち大他者が問いを発する。そこに現実界が姿を現す。主体とは，その現実界との応答である。主体は，大文字の他者が発した問いに対する，現実界からの応答である（第 5 章「〈現実界〉のどの主体か？」）。

この結論は繰り返される。現実界は象徴化される。それは意味のある全体へ，つまり大文字の他者の中に書き込まれる。それは大文字の他者を措定することであり，それを存在させることである。この作業を通じて，主体は大文字の他者の存在を前提する。

しかしすぐさま，主体はこの作業を無効にする。つまり，主体は大文字の他者の非在を受け入れ，無意味な現実界を受け入れる。その結果，主体は主体としての自己自身を無にする。この二重の作業を通じて，主体は主体足り得るのである（以上，第 6 章「実体としてだけでなく，主体としても」）。

内海の鬱論とサントーム論から始め，向井と松本を経て，ジジェクに行く。そこでサントームが十分説明されたと思う。しかしここでもう一度，鬱とサントームを，内海の説明に戻って，結び付けねばならない。つまり，サントームを生き抜くというジジェクの結論と結び付けねばならない。

　以下のように考えたい。私たちの世界に意味を与える大他者の凋落が叫ばれて久しいが，これを私は所有の問題と捉える。そこでは，一方で所有はするけれども，その所有の価値が減じ，他方で，そもそもの所有の喪失があり，また喪失を感じている人たちがいる。こういう社会の現状の中で，鬱病者が，大他者を非難し，その告発を自己自身に向け，つまり，喪失を罪悪感に書き換えるということをしているのだが，これはこういう仕方で，彼らが主体化を図っているのである。大他者の消失したところで，鬱親和型性格者は，サントームを，私たちよりも先に感じ取っている。また，他者の非在，主体の無という問題についても，彼らは，私たちの先駆けである。このことは，精神病者と健常者との断層が消失しつつあり，連続的なものになりつつあると言っても良く，鬱が普通精神病と化しつつあると言っても良いのだが，サントームによって，現実界を生き抜かねばならないという点で，私たちは皆，同じなのである。

　最後に以下のことを書いておく。ジジェク自身が，直接鬱に言及しているのは，ここで引用した本の中では，次の一か所のみである。すなわち，神は世界の創造以前は，躁鬱病であった。出口のない無の中で，閉塞していたのである。その神にとって，世界の創造は治療的価値を持っている。葛藤を外在化し，欲動的エネルギーを創造的目的へと導く。神は想像的治療によって自身の狂気から逃れるために，この世界を創造したのである（2011=2016, 第11章）。こういう話である。

●注
1) 「現実的なもの」の意味は，このあとすぐに扱う。これがラカンのキーワードである。

2) 向井雅明 2016 は，元々『ラカン対ラカン』という題で，1988 年に，金剛出版から刊行されたものに，1970 年代の後期ラカンの記述を付け足し，かつ大幅な改定をしたものである。
3) ラカンのセミネール第 7 巻『精神分析の倫理』を挙げておく。1959-60 の講義である。
4) 以下の説明は，セミネール第 8 巻『転移』を使っている。1960-61 の講義である。また引き続き，向井雅明の解説に全面的に拠っている。なお，次節で，1970 年前後及びそれ以降のものとして，セミネール第 17 巻『精神分析の裏面』(1969-70) と第 20 巻『アンコール』(1972-73) を読んで行きたい。
5) ベルシーは，その著作の題名通りに（『文化と現実界』），現実界を扱っており，その第 4 章は，「ジジェク対ラカン」となっている。本文の指摘は，そこに記されている。
6) 「4 つの言説」は，『精神分析の裏面』と『テレヴィジョン』に，また「資本主義者の言説」は，「イタリア講演」と『テレヴィジョン』にある。
7) さらに，松本 2013 と 2015a を参照する。
8) ラカンを参照して，鬱を論じている他の論者については，注 11 で扱う。
9) サントームの解釈については，ジジェクを参照する予定である。
10) 普通精神病については，内海 2013，松本 2012，2014，2015b，ブルース 2015 にある。
11) ラカンは上で引用したもののほかの場所でも，鬱に言及している。河野一紀は，『不安』から，主体の欠如と不安の関係についての考察を引き出している。不安は，主体が自らを構成する際に，出現する情動である。というのも，主体は，享楽の主体と欲望の主体として構成されるが，その享楽と欲望の媒介の機能を持つのが不安である。そして不安とは，主体の生成における根源的な欠如，その寄る辺なさに由来する情動であるとしている。この「寄る辺なさ」は，フロイトに由来する言葉で，ラカンが「欲望との関係における不安」（『転移』所収）で展開する概念である。主体は，享楽から欲望へと移行し，そこに生じる不安を鎮めると同時に，欲望の原因である対象 a の失墜から，現実的なものに直面せざるを得なくなるのである。河野はそこから，鬱が発生すると考える。つまり，主体において，象徴的なものよりも現実的なものが優位になることによって引き起こされると考えるのである（河野 2013）。

河野はさらに，ラカンの『精神分析の裏面』から，享楽を扱う方法を心得ていないために鬱が生じるという考えを確認している．現代社会は，他者が衰退し，剰余享楽が台頭し，さらに消費化社会において，対象の消費に主体が駆り出されている状況で，鬱は蔓延する．そしてこの鬱は，生産性と効率性を追求する資本主義への異議申し立てであるとしている．

　河野の鬱の分析は，神経症としての鬱に即してなされているように思われるが，しかし同時に，河野は普通精神病にも言及し，これが，精神病と神経症との二値原理に再考を促すものだとしている（河野2013の他，河野2014, 第6章「現代における主体のよるべなさ」も参考にした）．

12) 向井は増補版で，サントームの説明を付け加えていて，その記述は短い．
13) 松本は，サントームに行く前に，「ララング」の概念を出し，自閉症に言及し，ジェームス・ジョイスの小説を引用し，そして「ボロメオの結び目」という概念を用いたのちに，サントームを導出する．私はここでは，それらをすべて省略して，一気にサントームの説明に飛んでしまった．しかしこれらは本当は検討すべき課題であり，例えば，彼は，自閉症者は，「現実界だけを生きている」とし，自閉症者の使う反復的シニフィアンは，一者のシニフィアンで，そこに「享楽が一体化している」と指摘している（松本2015, p.362）．しかし私は自閉症に言及する余裕はない．鬱だけで精一杯だ．
14) これは，『アンコール』の第8章の冒頭にある．また，この解釈については，佐々木孝次他『ラカン『アンコール』解説』を参考にした．

インタールード 2-①

ヘーゲル「論理学」の「否定の否定」と「無限判断」の
解釈について——高橋一行『他者の所有』を読む　　相馬千春

　高橋一行氏の『他者の所有』（御茶の水書房）について，何回かにわたりコメントを書くつもりですが，初回は，高橋氏のヘーゲル「論理学」[1]の——そのうち「定在」と「定在の判断」の——解釈を扱います。その中でも主に問題となるのは「否定の否定」と「無限判断」の解釈です。

一，「否定の否定は肯定」なのか？

　さて，高橋氏は前著で，「否定の否定は肯定でもあるが，否定でもあるとヘーゲル自身がはっきりと言っている」（『知的所有論』p.131）と書いていました。
　高橋氏はこの句をヘーゲルの『哲学史講義』から引用しているのですが，これを読んだとき，私にはある疑問が浮かびました。「他の何処でヘーゲルは『否定の否定は肯定 Affirmation[2]である』と言っていただろうか？」（疑問だったのは，フレーズの後半ではなく，前半の方でした。）

　この疑問は，もちろん私の不勉強から生じたもので，『論理の学』の「第二版存在論」にも「否定の否定は肯定である」とあります[3]。ところが私は「存在論」を専ら「初版」で読んでいたので，「第二版存在論」の叙述はすっかり忘れていました。

二，成立期のヘーゲル体系に「肯定」はあるのか

　しかし不勉強から生じた疑問にも，それなりの意味があるのではないか？
　それで「初版存在論」を調べてみると，こちらの方には「否定の否定は肯定である」とは書かれていない。というより，「肯定 Affirmation」というターム自体が初版「存在論」ではほとんど使われていません[4]。さらにもう少し

使用例を探す範囲を広げて,『論理の学』の「本質論」や「概念論」を調べても「肯定」は使われていない。『論理の学』に先行する『精神の現象学』でも「肯定」は使われていないし,1817年の『エンチュクロペディー』（初版）でも「肯定」はほとんど使われていない[5]。

彼の体系は,これらの著作をもって取り敢えず成立したと言ってよいでしょうから,ヘーゲルは,彼の体系が取り敢えず成立した時点では,いまだ「肯定」を——彼の体系を叙述するタームとしては——使っていないことになるのではないか。そうすると,これらの著作に「否定の否定は肯定である」という思想を読み込むことが,はたして可能なのか？　という疑問も生じてきます。

こうした疑問について高橋氏は,「「回復（hergestellt）」されたということは,肯定なのではないか」（『他者の所有』p.117）と言われる。

たしかに初版「存在論」でも「回復」の使用例はあるので,なるほど,高橋氏の言うとおりかもしれない。またそう考えないと,後年のヘーゲルが「肯定」を多用したことは理解できないのかもしれません。しかしそうであったとしても,次のような疑問が生じるわけです。

すなわち,なぜこの時期のヘーゲルは「肯定」を使用せず,なぜ後年のヘーゲルは「肯定」を多用したのか？　外的な事情に拠るものなのか,思想の内容そのものが変化したのか[6]？　しかしこれについて私は,いま解答することができません。

三,「否定の否定」は何時でも何処でも「肯定」か？

しかしそれ以上に重要な疑問は,「回復は肯定を意味する」としても,初版「存在論」の「否定の否定」は,すべて「回復」（＝「肯定」）を意味しているのか？　というものです。

まず,初版「存在論」で最初に「否定の否定」が登場するところを引用してみましょう。

「第二に,当為としての否定は,即自存在的な規定態である,あるいは逆に,当為は即自存在としての規定態または否定である。その限りで否定は,非存在として・制限として定立されているあの第一の規定態の否定である。したがってそれは否定の否定であり,絶対的否定である。
　こうして否定はほんとうに実在的なものであり,かつ即自存在である。この否定性こそが,他在を揚棄する運動として自己へと還帰する単一なものをなすのであり,あらゆる哲学的理念と思弁的思考一般との抽象的基礎である,そして人びとはこの否定性について,近世がはじめてそれをその真理態において把握しはじめたといわなければならない。——この〔絶対的否定性という〕単一態が,存在の代りに,すなわち直接的な形態において即かつ向自的に存在しているものとして受けとられているあらゆる規定態の代りに,あらわれなければならない。これからさきに否定性または否定的本性について語られる場合に,そのことばのもとに理解されるべきものは限界・制限・または欠如というようなあの最初の否定ではなくて,本質的に他在の否定であり,そしてこの否定は,他在の否定として〔あるがゆえにまさに〕,自己自身への関係なのである。
　ここでは,即自存在的な否定はただようやく当為にすぎないのであり,たしかに否定の否定ではあるが,しかしそうはいってもこの否定作用自身がなお規定態なのである。即自存在としての自己を非存在としての自己へと関係づけているものは,すなわち限界または否定である。相互に関係しあっている二つの否定が否定の自己自身への関係をなしているのであるが,しかしこの二つの否定はまた相互に他者であり,それらは相互に限界づけあっているのである。」(『ヘーゲル大論理学 1』p.146)

このテキストをどう解釈すべきか,ここでは細かな議論には入ることはできません。しかし,おおよそ次の点を抜き出すことができるでしょう。

第1のパラグラフでは,「当為としての否定」は「否定の否定であり,絶対的否定である」といわれる。

第2のパラグラフでは,「この否定性こそが,他在を揚棄する運動として自己へと還帰する単一なものをなす」と言われ,また「これからさき」で言われる「否定性または否定的本性」は「他在の否定として〔あるがゆえにまさに〔訳者の補足〕〕,自己自身への関係なのである」と言われる。

第3のパラグラフでは,「ここでは,即自存在的な否定はただようやく当為にすぎないのであり,たしかに否定の否定ではあるが,しかしそうはいってもこの否定作用自身がなお規定態なのである」と言われる。

こうしてみると,各パラグラフは単純に整合的なのではない。それで,翻訳者の寺沢恒信氏は第2パラと第3パラの間に〔話がさきのことに及んだが,話題をもどして〕とわざわざ補いを入れています。

第2パラでは,「回復 Wiederherstellten」との近縁性をうかがわせる「自己へと還帰する in sich zurückkehrt」や「自己自身への関係 Beziehung auf sich」といったタームが現れ,「否定の否定」のより進んだ展開が予示されている。それが第3パラでは,「ここでは」と,展開の現在地点に引きもどされるわけです。

そして,引き戻された「ここ」,すなわち「当為」においては,「否定の否定」は「なお規定態」である。ここでは「或るもの」の「規定」は第一の「否定」として――ヘーゲルは,スピノザを引用して,「規定は否定である」と言います――,「否定の否定」は,この「規定」をのり越えることである。そしてこの「規定」が「制限」といわれ[7],この「制限」を越えて行くことが「当為」と言われますから,「当為」は「否定の否定」であるわけです。したがって,ここの「否定の否定」においては,何ものかの「回復」または「肯定」が直ちに主張されているわけではない。

このことを具体例[8]を挙げて説明してみましょう。「それは『つぼみ』である」と言われる場合,「それ」は「『つぼみ』である」として規定されています。そしてこの規定が「第一の否定」であるわけです。しかしその『つぼ

み」が咲くと、「『つぼみ』である」という規定は「否定」される。この場合「『つぼみ』であること」が「制限」であり、これを「否定」することが「当為」であり、「否定の否定」です。この「否定の否定」の結果は『花』ですが、『花』もまた規定であり、さらに「否定」されることになります。

しかしこの場合、「或るもの」が否定されても、そこにあるのは「他の或るもの」です。このように制限と当為がたんに交替するだけなら、それは「悪無限」で、何かの回復あるいは肯定があるわけではない。

例えば因果関係で把握される限りでの自然の過程は、悪無限的[9]なものでしょう。水面に石が落ちる場合、その原因の系列も、その結果の系列も「無限なもの」ですが、こういう意味での無限をヘーゲルは「悪無限」というわけです。

四，「初版存在論」と「第二版」での「否定の否定」の違い

さて、このような初版「存在論」における「否定の否定」の使い方は、実は第二版とは異なっています。第二版では「或るもの」のところで──「当為と制限」の前に叙述される──「否定の否定」が使われています[10]。すなわち第二版では「否定の否定」は、初版とは異なり[11]、「当為」を以て始まる「無限なもの」の領域だけで使われているわけではない。

また第二版では「当為」は、「否定の否定」というよりも[12]、──真無限へと叙述が進む中では──むしろ「第一の否定」に繰り入れられている。第二版では次のように言われている。

「両者［有限なものと無限なもの］の肯定的な内容は両者の否定を含んでおり、否定の否定である。」（山口祐弘訳『ヘーゲル論理の学Ⅰ存在論』p.147）
「それ［悪無限］は抽象的な第一の否定である。」（同書 p.148）

ここでは「否定の否定」である「肯定的な内容」は「無限なもの」の否定

を含んでいる。したがってこの「否定の否定」の中では「当為」も否定されていて,「当為」は「第一の否定」に繰り入れられている。そしてこれと符号するように「当為」については,すでに次のように言われている。

「もちろん,制限のどの超出,超克も制限から真に解放されることではなく,真の肯定ではない。すでに当為自身そのような不完全な超出であり,抽象一般である。」(同書 p.131)

このように「第二版」では「当為」は「真の肯定」ではないことが明示されている。その「当為」が「初版」では「否定の否定」と言われているわけです。したがって初版において「当為」が「否定の否定」である,と言われているから,その「否定の否定」は「肯定」(真の「肯定」)である,とすることには,無理があるのです[13]。

五,「否定の否定」にも進展がある

再度初版に戻りますが,初版においても「否定の否定」は当為としての「否定」に留まるものではありません。先に引用した「ここでは,即自存在的な否定はただようやく当為にすぎないのであり,たしかに否定の否定ではあるが,しかしそうはいってもこの否定作用自身がなお規定態なのである」という叙述からは,この先では「否定の否定」は「当為にすぎない」ものではない,ということを汲み取ることができるでしょう。

さらに次のようにも言われています。

「無限なものがこのように定立されるならば,それは悪無限的なものまたは悟性の無限なものである。それは否定の否定ではなくて,単一の第一の否定へと引きさげられている。」(『ヘーゲル大論理学1』p.150)

さきには,「当為」が「否定の否定」であるといわれていたのですが,ここでは「当為」あるいは「悪無限的なもの」は,「否定の否定」ではない,

とされています。そして次のようにも言われています。

「無限なものは他在の他在・否定の否定であり，規定態を揚棄する運動を通じての自己への関係である。——無限なもののこの単一の概念において無限なものは，絶対者の第二の定義と〔みな〕されることができる。」(『ヘーゲル大論理学1』p.148)

（真に）「無限なもの」は，「規定態を揚棄する運動」を含んでいるが，この（真に）「無限なもの」が「否定の否定」である。しかし初版では——先に見たように——揚棄される「規定態」としての「当為」についても「否定の否定」と言われているわけです。

以上，初版「存在論」で「否定の否定」がどのように使われているか，その用法が第二版「存在論」とどのように違うか，を見てきました。あれこれ引用したので，かえってわかりづらくなったでしょうが，少なくとも初版「存在論」においては，「否定の否定」は必ずしも「肯定」を意味してはいないことをご理解いただけましたなら，幸いです。

六，「真無限」の意味と意義

次に，ヘーゲルの言う「真の無限性」とは何か？　という問題に移ります。上で「悪無限」について簡単に説明しましたが，高橋氏は「真無限と悪無限が同じものだ」と言われるので，ヘーゲルが両者をどのように把握しているかを確認しておきたいからです。初版から引用します。

「だからして有限なものそのものも無限なものそのものも真理態をもっていない。おのおのはそれ自身のもとにおいてそれの反対のものであり，こうしてそれの他者との統一である。だからして両者の相互に対立しあっている規定態は消失している。こうして，そのなかでは有限性も悪無限性もともに揚棄されている真の無限性が出現しているのである。それ〔真の無限性〕は

他在をこえ出てゆく運動のうちに成立しており，自己自身への還帰としてある。それは自己を自己自身へと関係づけるものとしての否定である。〔それは〕，他在が，直接的な他在ではなくて他在を揚棄する運動であり，ふたたび回復された自己との相等性であるというその限りにおいて，他在である。」(『ヘーゲル大論理学1』p.154-155)

これも具体的な例を挙げて考えてみます。ヘーゲルは「真に無限なもの」として「生命」を挙げています[14]。「生命」は，例えば『つぼみ』が『花』になり，『花』はさらには『実』となるというように，「他在」を超え出る運動であるだけでなく——これだけなら悪無限もそうなのですが——，『つぼみ』等に還帰することとしてあります。そしてこの還帰により「生命」においては，因果関係のような悪無限的な運動は揚棄されています。

それはまさに「自己を自己自身へと関係づけるものとしての否定」といえるでしょう。それが「真に無限なもの」と言われるわけです。

逆にいえば，この生命の過程を悪無限的な過程として——例えば機械論的に——把握するならば，「還帰」は——単なる偶然であると言う以外——説明できないでしょう。

そしてヘーゲルは「生命」に——「因果関係的な悪無限性」を越える——「真に無限なもの」を見出しているが，この点はヘーゲルの思想の核心ではないでしょうか？

そして初版「定在」論が「回復」を語るのは，まさにここにおいてなのです。つまり「回復」は「真に無限なもの」においてあり，「当為」としての「否定の否定」においてあるのではない。

ヘーゲルは「主要なことは無限性の真の概念を悪無限性から区別し，理性の無限性を悟性の無限性から区別することである」と言うのですが，高橋氏はこのヘーゲルの問題意識をほとんど素通りしているように見えてしまう。しかしこの点は，氏の「定在の判断」の把握を検討することを通して，考えることにします。

七，「定在の判断」論をどう読む？
——高橋氏の「否定判断」解釈を検討する

 次に高橋氏が「定在の判断」をどのように読んでいるか，を検討しますが，その前に「定在の判断」とはどのようなものか確認しておきましょう。
 「定在の判断」はヘーゲル「論理学」の「判断論」の展開では最初に論じられるもので，「それの主語は直接的に抽象的な・存在する個別的なものであり，述語は主語の直接的な規定態あるいは性質であり，抽象的に普遍的なものである」といわれます。「定在の判断」は，「a 肯定 positive 判断」，「b 否定判断」，「c 無限判断」と展開するわけですが，それぞれの具体的例を挙げると，
　a 肯定 positive 判断：「そのバラは赤い」。
　b 否定判断：「そのバラは赤くない」
　c 無限判断：否定的無限判断：「精神は象ではない」
　　　　　　　肯定的 positiv 無限判断：「個別は個別である」
となります。
 ここで「a 肯定 positive 判断」と「b 否定判断」は解りやすいでしょうが，無限判断というのは解りづらい。それで，1817 年と 1831 年の論理学講義から引用しますが，後論の都合もあり，両方とも否定判断のところから引用を始めます。

 「人が「そのバラは赤くない」というとき，人はそのことによって，述語は完全に否定されていると信じる。しかし述語は完全には否定されていない。というのは，普遍的なもの，色がまだ残っているのだから。—だから「非（nicht）」は，述語を全範囲にわたって否定してはいない。そうではなく，ただある特殊性に関して否定しているだけである。—真なる概念においては，特殊的なものも普遍的なものと同様に定立されると同時に否定されなければならない。
 否定的無限判断も［肯定的 positiv］無限判断も本来的には判断ではない。

例えば,「精神は象ではない」は判断ではない。というのはここではただ象そのものが否定されているだけでなく,ここではもはや普遍的な領域にたいしてさえ,関係は残っていないのだから。述語は完全に廃棄されていて,反省に残っているものは何もない。」(1817年の論理学講義 ad §120 und 121。F.Meiner, Vorlesugen 11 Logik und Metaphysik,S.151-152 より試訳。)

「「そのバラは赤色ではない」と言う場合,ここには,バラには色があるけれども,ただしそれは赤色ではないという意味があります。それゆえ私はただ規定性だけを否定したのであって,普遍性を残したままにしています。ここでは普遍性は色です。それゆえ「赤色である」の［否定］では,私はその規定性だけを否定しました。「そのバラは赤色ではない」という場合に,ここには否定がありますが,しかしなお主語と述語との関係があります。それゆえここにはまだ関係が現存します。その関係そのものは抽象的な関係です。そしてこれは普遍性です。「個別は普遍である」という抽象的なものが残されます。今やそれもまた否定されなければなりません。「個別は特殊である」という場合,［これは］肯定判断です。「個別は特殊ではない」という場合,［これは］否定判断です。それゆえ普遍性が否定され,それゆえ［空虚な同一的な関係］だけが残ります。「個別は個別である」という［同一的判断］の場合,これは無限判断［と同様に不合理であり］,悪無限です。［無限判断の］否定はより具体的であり,主語と述語との関係性の欠如です。今や残されているのは普遍性の形式における関係でも特殊性の形式における関係でもなく,否定的な［無限］判断です。それゆえ述語が特殊性に対応することもなく,普遍性に対応することもないという関係だけが残されています。確かに正しいけれども不合理な〔無限〕判断の例として,「精神は象ではない」があります。ここで〔述語として〕言われることは,主語に対して特殊性においても,普遍性においても,いかなる仕方でも関係がありません。精神は象という類には属さず,またいかなる動物でもありません。このものはまさに単にこのものであり,完全な個別性です。この単なる個別として,完全に空虚なもの,まったくこの個別だけがあることになるでしょう。」(1831年『論理学講義』翻

訳書 p.206)

　「講義」なので,『論理の学』よりは,大分わかりやすいのではないでしょうか。
　さて,『論理の学』の「定在の判断」の「b 否定判断」には次のテキストがあります。

　「──バラはなんらかの色をもったものではなくて,それはバラ色であるところの一定の色だけをもっている。個別的なものは,無規定的に規定されたものではなくて,規定された規定されたものである。
　否定判断のこの肯定的形式 positiven Form から出発すると,否定判断のこの否定はふたたびたんに最初の否定であるようにみえる[15]。しかしこの否定は〔本当は〕最初の否定ではない。むしろすでに否定判断は即かつ向自的に第二の否定・あるいは否定の否定である。それで否定判断が即かつ向自的にあるところのものが定立されなければならない。」(『ヘーゲル大論理学3』p.101)

　高橋氏は,この部分に関連して以下のように言う。

　「ヘーゲルは,すでに,否定判断において,肯定判断が否定されているだけでなく,すでに,「否定の否定」がなされていると言う。つまり,「私は,この物件の所有者である」という判断が否定されて,「私は,この物件の所有者でない」という判断になり,しかしそれは,「私は,この物件の所有者であった」と,再び肯定を意味するからで,ヘーゲルは,「無限な自分自身への復帰」(『大論理学』「概念論」p.323＝武市訳 p.95) と表現している。」(『他者の所有』p.125)

　率直に言って,私には無理な解釈だと思えます。「私は,この物件の所有者でない」という否定判断が「否定の否定」であるのは,「私は,この物件

の所有者であった」と,再び肯定を意味するからだ,と言われるが,「所有論」を離れて,「判断論」として考えた場合,これは成り立たないでしょう。なぜならヘーゲルがここで挙げている否定判断「バラは赤くない」は,なんら「バラが赤かった」ことを意味してはいないのですから。

　高橋さんは,ジジェクを引用して「強いヘーゲリアン」ではなく,「弱いヘーゲリアン」こそ,ヘーゲルを救うために必要だ,と言います。しかし「否定の否定」は常に「肯定」である,と仮定するのは,あるいは『法の哲学』から『論理の学』の「判断」論や「定在」論を解釈してしまうのは,十分に「強いヘーゲリアン」であるように見えてしまう。

　さて,先に見た「定在の判断」の中の「否定の否定」はどういう意味でしょうか。この第二の否定によって何が否定されているのでしょうか？

　再確認しておきますが,1816年に出版された『論理の学』「概念論」中の「定在の判断」の前提になっている「定在」論は,1812年に出版された初版「存在論」のそれであり,第二版「存在論」のそれではありません。そして既に見たとおり,第二版と異なり初版の「定在」論には,「肯定」というタームは使用されておらず,また「否定判断」と対応するはずの「当為」における「否定の否定」も「肯定」とはもちろん「回復」とは結び付けられてはいないのです。つまり,この「否定判断」のところを読むとき,「否定の否定は肯定である」と考える必然性はないのです。

　「そのバラは赤い」といわれる場合,「赤い」は「規定」であり,したがって「否定」です。これに対して否定判断で「否定」されているのは,この「規定」に他なりません。それとも何か他のものでしょうか？　そうするとこの「規定の否定」が「否定の否定」と言われることには,何の不思議もありません。

　しかしここにどのような「肯定」があるのでしょうか。すくなくとも「このバラは赤かった」ことが肯定されているわけではないでしょう。仮にこれが成り立つとしても,この「肯定」はヘーゲルの用語ではPositionであって,Affirmationとは言えないのではないか？

八,「無限判断」を越えて

　高橋氏の考える「無限判断」と私のそれの違いを言い表すには，私が考える「所有論」の諸判断を示すのが，一番簡潔な仕方だと思います[16]。

　私が考える「所有論」の肯定判断，否定判断，無限判断は次のようになります。

　　肯定判断　この（私の）所有物は毛織物である。あるいは，私は毛織物を所有している。

　　否定判断　この所有物は毛織物ではない。（ただしなんらかの使用価値ではある。）あるいは，私は毛織物を譲渡する（譲渡を通して他の使用価値物を獲得する。例えば「金」を）。

　　無限判断　この所有物は使用価値ではない。（私の所有している使用価値はすべて否定される，という意味で。）あるいは，私はすべてのものを譲渡する。（譲渡を通しての獲得。ただし継起的に。例えば，毛織物→金[17]→インド綿→香辛料→……。）

　さて，ヘーゲル「論理学」の「判断」論（概念論第１編第２章）の構成は，１「定在の判断」，２「反省の判断」，３「必然性の判断」，４「概念の判断」ですが，「肯定判断，否定判断，無限判断」は１「定在の判断」の中で展開されています。つまり「無限判断」は「判断論」の最初の段階で論じられていて，そこから次の段階である「反省の判断」へと進展していくと言う叙述になっている。

　そこで，小坂田英之の論稿[18]によって，「定在の判断」と「反省の判断」の判断の違いを確認しておきます。

まず「定在の判断」——「このバラは赤い」など——について。

小坂田によれば、「個別によって「定在の判断」(A.12,S.59)の体制が成立する。……この個別としての主語に対して述語は、実体に内属する性質にすぎない」(p.54)。

すなわち「定在の判断」では、主語が実体であり、述語は属性である。すなわちそれは「内属の判断」である。

しかし無限判断において、「主語を実体とする定在の判断の体制そのものが無意味となる」(同上)。

そこで「逆に、述語が実体と認められ、主語である個別がその現象形態にすぎないとみなされなければならない」(同上)ことになる。「［このものは］有用である」などの「反省の判断」は、このような「包摂の判断」です。

さらに「定在の判断」と「反省の判断」は、それぞれ「知覚」と「悟性」という認識能力の段階に即応している。すなわち、「このバラは赤い」という「定在の判断」の場合は「知覚」によって判断可能ですが、「このものは有用である」という「反省の判断」には「悟性」が必要となります。

「所有」論における判断には「悟性」は必要ですから、「所有」論における判断は、いずれにしろ「定在の判断」とは、言えないでしょう。しかし私が上に挙げた諸判断は「内属の判断」ではある。何故なら、上の例では、この（私の）所有物は、譲渡・交換の中で、或る使用価値から他の使用価値に姿態を変えますが、その限りでは特定の使用価値は、この（私の）所有物の「属性」に相当することになりますから。

ヘーゲル「判断論」の展開からすれば、「判断」は、「無限判断」で終わるわけではない。それで「所有」論についても「包摂の判断」に相当する判断を考えてみます。

私が考えた所有論における「包摂の判断」は次のものです。
　包摂の判断　この（私の）所有物は価値物である。あるいは、私は価値物

を所有している。

　この場合、価値は「この所有物」の属性ではない。むしろ「この所有物」の方が「価値」の現象形態にすぎない。すなわち、この判断は「包摂の判断」であるわけです。

　ところでこの判断はどのようにして成立するのでしょうか。上述の「無限判断」を再掲すると、
　　無限判断　この所有物は使用価値ではない。（私の所有している使用価値はすべて否定される、という意味で。）あるいは、私はすべてのものを譲渡する。（譲渡を通しての獲得。ただし継起的に。）

「無限判断」には「定在」論における「悪無限」が『対応』しているとするならば、「無限判断」に対応する「悪無限」は、「毛織物→金→インド綿→香辛料→……」というような系列で示すことができるでしょう。
　これに対して「真無限」は、「毛織物→金→インド綿→香辛料→毛織物」という「円環」で示されます。（「円環」ですので、それぞれのモノが始点＝終点であり得ます。）
　「悪無限」においては、使用価値は常に否定されるが、それは常に新たな使用価値の登場でもある。しかし「毛織物→……→毛織物」という円環が成立すると、この運動は、なんらかの使用価値を目的にしたものではなく、使用価値とはその存在の性格を異にした「価値」を示すものであることが明らかになる。
　悪無限の場合は「直線的」な進行ですが、これが「円環」を成すことによって「真無限」となる[19]。ですから、「悪無限」と「真無限」の区別には拘らざるを得ないのではないでしょうか。

　なお、ヘーゲル「論理学」では、「論理学」全体の最終編である「理念」のところで「無限判断」という言葉が使われています[20]ので、本当はこれ

を問題にしなければならないのですが，そのためには「概念論」全体を解読しなければなりません。ということで，これについては別の機会に問題にすることが出来たなら，と思います。

九，『他者の所有』──批判点も多いが，意義はもっと多い

以上が『他者の所有』のヘーゲル「論理学」解釈に関する私の批判となります。

さて以上の批判からは，私は『他者の所有』を全然評価していないと思われるかもしれません。しかしそうではありません。私から見て──以上で指摘した──問題があるにせよ，『他者の所有』は最先端といえる内容を持っている。ヘーゲルについても『精神の現象学』からさまざまなアイディアが引き出されていますし，さまざまな現代の思想家との『対話』が試みられています。「現代思想」とヘーゲルの『対話』は──専門化された領域を越えたものであり，したがって日本の「アカデミズム」ではなかなか成立しないのでしょうが──必ず豊穣をもたらす試みだと思います。

『知的所有論』に関連する領域も──今回，私はその『舞台装置』としてのヘーゲル「論理学」の解釈を批判したわけですが──これからの社会変革の試みに多くの示唆を与えるものであることは疑い得ません。

私は前田勉『江戸の読書会』を紹介する一文[21]を書いて，江戸の「学問」がどのような「ルール」のもとに行われていたかに触れたのですが，今回はそこで紹介した「ルール」に忠実であろうと努めました。

拙文の書き方は，現代の「標準的な」マナーからするならば，率直過ぎたかもしれません。しかし金沢藩明倫堂の「入学生学的」には，「会読之法は畢竟道理を論し明白の処に落着いたし候ために，互に虚心を以可致討論義［もつてたうろんいたすべき］に候」とあります。

「公共空間X」で，このような精神を甦えらせることができるなら，と思っています。

（本稿は，2015年3月15日に開催された「公共空間X」例会（高橋一行『他

者の所有』の合評会）に提出した文章がもとになっています。）

●注
1) 高橋氏は，『他者の所有』では「「論理学」とは，『大論理学』と『エンチュクロペディー』第一部『小論理学』の総称である」と言っているので，本稿でもこれを踏襲します。なお『大論理学』の正式な書名は『論理の学』で，（初版の）「存在論」は 1812 年に，「本質論」は（おそらく）13 年に，「概念論」は 16 年に，それぞれ出版されました。また『論理の学』の第二版は「存在論」の部分のみが――ヘーゲル死後の―― 32 年に出版されました。

　なお本稿では，初版「存在論」からの引用は寺沢恒信訳『ヘーゲル大論理学 1』（以文社）に，第二版「存在論」は山口祐弘訳『ヘーゲル論理の学Ｉ存在論』（作品社）に，「概念論」からの引用は寺沢恒信訳『ヘーゲル大論理学 3』（以文社）に，それぞれ拠っていますが，訳文は必ずしもそれらのものと同じではありません。

2) ヘーゲルの翻訳では一般に，Affirmation, affirmativ が「肯定」，「肯定的」と訳される他に，Position, positiv も「肯定」，「肯定的」と訳されています。本稿がヘーゲル「論理学」から引用するうちでは，「肯定判断」といわれる場合の「肯定的」は「positiv」です。

3) 第二版「存在論」第一篇第二章「定在」(c) 肯定的無限性の項には，「それ故，あるところのものは，両者において同一の否定の否定である。しかし，これは，自体的には自己自身への関係であり，肯定である。」とあります。

4) 私が調べた限りでは，初版「存在論」で「肯定 Affirmation」が使われているのは，「第二編第二章」の「注解〔数学的な無限なものの概念〕」においてだけです。そこでは，次のように使われています。

　「彼［スピノザ］はまず無限なものを或る本性の存在の絶対的肯定と定義し，有限なものを反対に打ち消しとしての規定態と定義している。或る存在の絶対的肯定とはすなわち，その存在の自己自身への関係としてとらえられるべきであって，他者が存在することによって存在することではない。これに反して有限なものは打ち消しであり，それの外に他者が始まる限りでは終ることである。さて，或る存在の絶対的肯定はたしかに無限性の概念を汲みつくさない。この概念は，無限性は直接的肯定として肯定であるのではなく，他

者の自己自身への反省によって回復された肯定として・換言すれば否定の否定としてのみ肯定である,ということを含んでいる。」(『ヘーゲル大論理学1』p.275)

5) これも,私が調べた限りでは,アカデミー版全集版の§.39(グロックナー版の§.40)で一度使われているのみです。そこでは次のように使われています。

「――無をそれだけでみれば,その最高の形式は自由である,しかし自由が否定性であるのは,それが最高度に自己の内に深まって,それ自身また肯定〔Affirmation〕でもある限りにおいてである。」(「ヘーゲル論理学研究」第7号所収,『原典翻訳ハイデルベルクエンチクロペディー』p.62)

6) さきに紹介した通り,初版「存在論」では,「肯定 Affirmation」は,直接にはスピノザ哲学の用語として示されていますが,同時代の哲学者では,シェリングが「自己肯定 Selbstaffirmation 」というタームを使用しています。

なお,ヘーゲルは1817年の「論理学と形而上学」の講義の ad §47 においては「肯定 Affirmation 」を自己のタームとして使用しています。したがって,この頃にはすでに――著作ではほとんど使用してはいなくても――このタームが彼の思想のうちでは機能していた,と考えることが可能なのかもしれません。

7) 少し正確さが欠ける表現になっていますが,ここで「制限」とされる「規定」は――簡単にいえば――「或るものである」という意味での規定です。しかし「或るもの」は「しかじかであるべし(当為)」という意味での規定でもある。(例えば「武士」というような「規定」の場合は,後者の意味が滲んでいるでしょう。また以下で挙げられる『つぼみ』を例にとって言えば,それは『花』ではなく『つぼみ』である,という規定であるとともに,『花』になるべきものという規定でもある。『花』になるべきでない『つぼみ』は『つぼみ』とは言えないのですから。)

8) 第二版「定在」章の「注　当為」で取り上げられている例をもとにしています。
9) 第二版「定在」章の「注一　無限進行」を参照。
10) 「或るものは,単純な存在する自己関係として,最初の否定の否定 die erste Negation der Negation である。」この「最初の」は後の「否定」にかかっている点に注意。

11) 初版でも「或るもの」のところに「他在の否定を通じての自己への関係」（寺沢訳では「存在の否定を……」と誤記されていますが）という表現があり，1817年の論理学講義では，はやくも「或るものは否定の否定である」(ad §44) と言われています。しかし，『論理の学』が完結した時点でこの書を読んだと仮定するなら，読者は「否定の否定」は初版「定在論」で展開された意味で理解するしかないでしょう。

12) 正確に言えば，第二版の「制限と当為」でも「否定の否定」は登場しています。「この自己との同一性，否定の否定は肯定的な存在であり，……有限なものの他なるものである。かの他のものは無限なものである」というように。しかし，この「否定の否定」あるいは「肯定的存在」は，以下で見るように，すぐに「第一の否定」であるとされます。

13) 第二版においては「否定の否定」は「肯定」である，と読める個所が多いのは確かでしょう。しかし第二版においては常にそうである，というためには，第二版での「否定の否定」と「肯定」の——各々の使用例での——意味の確定する作業が必要となります。この場合，「否定の否定」が「或るもの」において使われていることの他，「肯定」において「真の肯定」というタームが使われていることへの注意も必要でしょう。

14) 1817年の「論理学と形而上学」の講義の ad §47（F.Meiner, Vorlesugen 11,S.91）には「生命はそれ自身だけで für sich selbst 無限である」とあり，1831年『論理学講義』の §94（翻訳書 p.131）には「無限性の実例を見てみましょう。生命は［無限です］」とあります。

15) この文は意味が取りづらいのですが，「否定判断のこの肯定的形式 positiven Form［バラはバラ色である］から出発すると，否定判断のこの否定［「バラ色である」という規定］は［否定の否定ではなくて］ふたたびたんに最初の否定であるようにみえる」と解釈しておきます。

16) 高橋氏は次の諸判断を示しています。
　「肯定判断：消しゴムを自ら労働して，作り上げ，そのことが認められて，それを所有する。
　否定判断：消しゴムを使い切ってしまったので，もはやそれを所有していない。
　無限判断：消しゴムを交換，譲渡，売買したので，もはやそれを所有してい

ない。」(『他者の所有』p.4)

高橋氏の諸判断をヘーゲルのそれらと較べると，ヘーゲルでは「否定判断」である「物の使用」について，「(β)……物の使用。物を使用するのは積極的な関係ではあるが，わたしに使用されるかぎりで，物は解体していく」(『法哲学講義』長谷川宏訳 p.119～)とされています。つまり「否定判断」では，物は解体過程にあるので，全面的に否定されているわけではありません。先に引用した1817年の講義においても，「否定判断」は「述語を全範囲にわたって否定してはいない」ものとして把握されていて，これに対して「無限判断」では，「述語は完全に廃棄されてい」ると理解されています。

これに対して高橋氏の示した「否定判断」と「無限判断」では，両者とも「もはやそれを所有していない」のであるから，否定される範囲は同じであって，「……ので」で示される否定の過程のみが違っているのではないでしょうか。以下で示される私の諸判断では──ヘーゲルのそれらとは異なりますが──「否定判断」は「述語を全範囲にわたって否定してはいない」ものであり，「無限判断」は述語が全範囲において否定されるものです。

17) この系列はオランダ東インド会社の交易を参考したものですが，ここで「金」はいまだ特権的な貨幣商品ではありません。

18) 小坂田英之「ヘーゲルの「概念・判断・推理」論──純粋思考の論理学──」 https://www.jstage.jst.go.jp/article/studienzuhegel1995/1997/3/1997_3_51/_pdf

19) 「無限進行のイメージは直線である。……直線のイメージは，真の無限として自己のうちに折り曲げられるならば，円となる」(山口祐弘訳『ヘーゲル論理の学Ⅰ存在論』p.149)

20) 使われ方は次の通り。
「理念は無限判断であって，この判断の二つの側面［概念そのものおよび客観性］の各々が独立の統体 Totalität であり，同時にまさにこうした統体へ完成されることによって，他の側面へ移行しているのである。」(『エンチュクロペディー』(第三版) §214)

21) なぜ「新しい公共空間」か　連載②　―江戸の読書会とは何か― http://pubspace-x.net/pubspace/archives/317

インタールード 2-②

相馬氏の批判を受けての再批判

次の 7 点について書く。
① ヘーゲルの初期，つまり，『大論理学』初版を書く前に，「否定の否定」は肯定であるという文言があり，『大論理学』初版の後では，これは，何か所も，この文言がある以上，これがヘーゲルの考えであると考えるしかない。
　しかも，世間で，ヘーゲル哲学は，「否定の否定」は肯定であると見ていることには，根拠があり，間違いではない。
② しかし，そのことに対して，私はずっと違和感があり，単にヘーゲル哲学を，そのように見てしまったのでは，面白くないということから，私の研究を始めている。その結論として得られたのが，「否定の否定」は，実は否定の徹底であるということである。
　ただ，「否定の否定」は肯定であるという面もあり，「否定の否定」は肯定ではないという言い方には問題がある。私はかつて，「否定の否定」は，半分，肯定であり，半分，否定の徹底であると言ったが，それは，量的な問題ではなく，ある面から見れば，という意味であり，もっとはっきり言えば，否定の徹底を肯定と言うことだ。
③ 「否定の否定」は否定の徹底であり，同時に「否定の否定」は肯定であるということと，悪無限と真無限が同じだということは，同じ論理である。
④ 無限判断と所有の関係については，ここでも，「肯定」の意味が問われる。つまり，所有論の場合，交換・譲渡・売買（これが否定の徹底）が重要で，そこで所有が肯定されているのは，交換・譲渡・売買が可能だからで，所有しているということが重要なのではなく，所有しているために，交換・譲渡・売買できるということが重要なのだということである。

私が「所有論」三部作で言いたかったのは，所有の否定の徹底である。
⑤　マルクスはヘーゲルが展開し得なかった価値論を展開した。それは反照の論理に基づく。そしてそれはマルクスの功績だが，しかし，ここでも，単に反照の論理＝関係主義を強調するだけではだめで，関係を超える論理を問うことが必要である。
⑥　現代思想からヘーゲルに対して，ヘーゲルは否定を重視していそうで，しかし最後は皆，肯定してしまうという批判がなされる。それに対して，その際のヘーゲルの言う肯定とは，否定の徹底であると答えたい。つまり，ヘーゲル批判を最初にしたのは，ヘーゲルに他ならない。そしてさらに，ヘーゲルはヘーゲル批判を徹底しているということまで私は言いたい。
⑦　存在論と概念論とを繋ぐ概念として，無限概念を挙げることができる。自己が他者になり，他者が他者の他者，すなわち自己になり，否定の否定がなされ，自他関係は自己関係だということになると，そこに無限が成立する。この無限は，「論理学」の主導的な概念と見做して良い。

①「否定の否定」は，肯定である
　『大論理学』初版で，確かに「否定の否定」は肯定だとは言われていない。それはその通りである。なぜ言わなかったのかということについては，『他者の所有』7-1で書いた。それはヘーゲルがまだ体力のある時期に書かれており，その時は相当に慎重だったからである。安易に肯定とは言わない。安易に体系を成立させない。それでは動的な性格が失われる。ぎりぎりまで粘る。それが『大論理学』の魅力だと思う。
　若きヘーゲルが無限判断論的思考と推理論的思考とふたつを持っており，やがて後者が優位になったと，前著でまとめたが，しかし本当のところはどうか。前者はずっと残っていたのではないか。それが，成立期のヘーゲルならば，両者を保ちつつ，ぎりぎりまで両者の論理を突き詰めることができたのである。あるいは後者の中に，前者の発想を入れ込んで，それでいて，前者を消してしまわないということが可能だったと思う。
　しかし他のところでは，つまり，初期ヘーゲルにおいても，また，『大論

理学』第二版においても，『小論理学』においても，「否定の否定」は肯定である。それはヘーゲルの思想の根本に関わる。しかしそのことを説明する前に，そしてこのことは，②で明確に書くが，まず，私は，この「否定の否定」が肯定であるということに，強烈な違和感を持っていたということを書いておく。つまり，それは肯定ではないと，私は，本当は言いたい。私はそこから出発している。

　私自身は，『小論理学』を読み込むことからヘーゲル研究に入っている。これを暗記するくらい読み込んでいる。『大論理学』を読むときは，長い間，「存在論」第二版を使っている。ここでは，「否定の否定」は肯定と言われている。特に，『小論理学』の弟子の筆記録である補遺において，明確にそう言っている。

　ここで感じる違和感をどうするか。しかしそのことを解決する前に，やはり，ヘーゲル哲学の根本は，「否定の否定」は肯定であるということを確認する必要がある。

　まず，ここで，肯定の意味を問う前に，否定の意味を問う必要がある。実は，それは対立する他者との関わりである。ある命題Aがあり，それを否定する，非Aが立てられるのだが，それは，対立するものへの関わりである。

　この対立が否定だと言うのは，研究者の間では，だからヘーゲルの否定概念はおかしいという意見もあるのだが，しかし，自己が自己と対立するものへと移行すれば，それが否定であるというのは，私には，もう馴染んでしまっているせいか，そのこと自体に違和感はない。

　『大論理学』初版においても，まず，定在が定在するものになる際に，「否定の否定」の論理は使われている。第二版と違って，初版では，非定在という単語が出て来るが，それは，定在の否定的関係として定立されたものであり，それ自身もまた定在であると言われる。そこにさらに他在という言葉が出て来て，と言うのも，非定在は，それ自身定在だから，つまり定在はふたつあることになり，その事態を以って，定在は他在であると言われる。他在は自己の否定に関係する定在である。『他者の所有』において，私は，この他在は他者のことであると書いた。そして，ここで，「否定の否定」は肯定

であるとは言われていないが、否定的関係である他在がさらに否定されて、自己関係が成立し、定在は、否定的統一を獲得すると言われている。私はこの事態を以って、「否定の否定」の結果、統一という名の肯定的関係が生じたと見ている。かくして、他在の否定、つまり「否定の否定」が、定在するものという肯定的なものを生む。そして、この論理が、今度は、向自存在の成立においても、繰り返されている。第二版の方が、議論が簡略化され、かつ分かりやすい表現に替えられているけれども、議論の大筋は変わらないと私は見ている。

また、『精神現象学』に「否定の否定」は肯定という文言は出て来ないが、この考え方は、縦横に使われている。自己が他者と関わることが否定で、その自他関係が、実は自己関係であるとなった時に、「否定の否定」が起き、思考の主体も対象も、一段、進展する。そうやって、思考も対象も、螺旋的に高まって行く。

文言がないから、その概念もないというのはおかしくて、ヘーゲルの場合、『精神現象学』以前の初期から、否定概念が重要で、また、二重否定という言い方もしている。「否定の否定」は肯定と言わなくても、事実上、似たような表現で言っている。ちなみに、私が拙著で引用した、黒崎剛氏の『精神現象学』論は、この本を、推理論的連結という言葉で進展の原理を説明している。しかしこの言葉は、「論理学」の言葉で、『精神現象学』の言葉ではない。しかしなお、『精神現象学』を良く説明している。さらに脱線すれば、私は、『精神現象学』を、無限判断論でまとめようとしている。黒崎氏に全面的に寄り掛かって、その説明を拝借し、しかし最後のところで、推理論的連結は、無限判断的になされると持って行くのである。

さて、違和感を持ちつつも、なぜこの原理が重要かと言えば、ここからヘーゲル哲学の根本である、自由の原理が得られるからである。つまり、自己と対立する他者の下にあって、なお、自己であるというのが、ヘーゲルの自由概念である。自己が他者になり、または他者と関わり、今度はその他者が自己になり、または自己に迫って来て、自己が回復することで、自由になる。

これは自己関係の論理でもある。ヘーゲルにおいて、自己が自己と出会う

ことによって，次の段階へと高まる。段階を上げて行き，より自由になって行く。「否定の否定」と言うときの，最初の否定は，まだ自己が抽象的で，自己という規定がなく，それを否定して，他者と関係を結ぶ。他者に移行すると言うときもあり，一般的に他者になる場合も含めて，他者との関係と言っておく。この他者との関係が，否定なのである。そして，この他者との関係を否定するのが，「否定の否定」で，そのことによって，自己を確立する。自己に還帰する。自己を回復する。それを自己が成立するとも言い，自己関係によって，「肯定」が得られる。

しかもこれは③で述べるが，ヘーゲルの無限概念でもある。自己と他者が対立している段階を超えて，「否定の否定」によって，つまり自己関係が成立して，無限が得られる。

これはまた，直接性（存在することの哲学的表現）の生成という問題でもある。最初に無規定の直接性があり，それは直ちに媒介される。そして，その媒介性が止揚されて，新たな直接性が生じ，規定された存在となる。無規定の直接性，媒介性，生成した新しい直接性というトリアーデを作る。

これは，しばしばヘーゲル哲学を説明する，正反合という図式でもある。これが問題なのは，あまりにも安易にそう言ってしまうと，図式的で，「強いヘーゲリアン」と私が警戒すべきものになってしまうが，しかし，図式そのものは正しいのである。

相馬論文の三．の最後のところで，あるものが否定され，さらにそれが他のあるものになり，さらにそれが否定されても，他の他のあるものになり，それは悪無限ということになる。そこでなにも，回復されてもいないし，肯定されてもいないと書かれている。

しかしここは私もそう思っている。ただ，私はこういう事態を以って，これを肯定と呼んでいる。それはまさしく，悪無限である。つまり相馬氏の言うところと，私の言うところと，あまり変わらないのではないか。悪無限と真無限の関係については，このあとに書く。

②「否定の否定」は，否定の徹底

マルクス主義者は，ヘーゲルでは，すべてが最後には肯定に至るが，マルクスは，それに対して，否定的側面を重視したと考えている。それはそれで正しいと思う。確かに，力点の置き方の問題として，ヘーゲルが体系を完成させて，肯定に重きを置き，マルクスは，他の体系を常に揺さぶろうとして，否定的な面が強い。両者にそういう違いはある。しかし私の指摘は，ヘーゲルも結構，否定的側面を重視していたということだ。
　つまり，「否定の否定」は，実は肯定ではなく，もっと，否定概念が徹底されているのではないかという問題意識が出て来る。しかし，「否定の否定」を肯定と言わないで，どう説明するのか。これが私の論文の核心部分になる。ここで私は，ジジェクに倣って，これを否定の徹底と言いたい。それが拙論の最初の結論だ。
　しかし，ジジェクは，「否定の否定」は，100％否定の徹底だと考えていて，それが，世間のヘーゲル理解では「否定の否定」は，100％肯定だ。それを私は，半分肯定，半分否定の徹底と書いた。これは不正確な書き方である。否定の徹底が，すなわち肯定であると書くべきだった。両者は同じだと書くべきだった。つまり，肯定というのは，否定の徹底という意味だと書くべきだった。
　つまり，本当は肯定には至らない。しかし，この否定の徹底を肯定と言って良いのではないか。そう言わねば，ヘーゲルの欠点でもあり，また良さでもある，自由概念が救われないのではないか（このあたりについて，ジジェクは分かっているようでもあり，分かっていないようでもある。）
　単純に言って，「否定の否定」が肯定になってしまうのが，「強いヘーゲリアン」である。私はこれに対して，強烈な違和感がある。それで，「否定の否定」は否定の徹底であると言いたい。しかし今度は，ジジェクに対して，世間の通常のヘーゲル理解にも良い点はあって，そこは認めても良いのではないかと言いたい。
　ジジェクのように，「否定の否定」は，否定の徹底であると言って，肯定的側面をヘーゲルから切り離して，ヘーゲルを解釈しようという傾向もある。あるいは，ヘーゲルの「否定の否定」は肯定になってしまうので，その側面

を切って，マルクスの強調する否定概念だけを評価する考えもある。これらはしかし，両方とも批判されねばならない。

　こういう考え方を関係主義と言っておく。つまり自他関係が自己関係に収斂せず，単にその関係性だけを重視する考えである。しかしヘーゲルの意義は，関係性を重視しつつ，その中に，関係を超え得る存在が宿っているという考え方にある。それを物象化的錯視だと言って，切り捨ててはいけない。関係性から自由や無限が出て来る時，まさにそういう概念に，ヘーゲルの面白さがある。

③ 悪無限と真無限の関係

　自己が他者になり，他者は別の他者になる。こういう関係がずっと続くことを，悪無限と言う。自己が他者になるのが否定だから，他者が別の他者になり，それが続くのが，否定の連続ということになる。しかし，この否定の連続にあって，自己関係が成り立つと，真無限になる。これは否定の連続，つまり「否定の否定」が，肯定となったということである。これが真無限である。つまり，否定が連続している限りでは悪無限で，しかし，その否定が徹底して，自己関係が成立すると真無限になる。

　実はかねてから，この悪無限と真無限の違いが分からなかった。自己関係があるか，ないかが違いなのだが，しかし，これは見方の違いでしかない。ここで，これもジジェクにヒントを得たのだが，悪無限を徹底すると真無限になるのではないかと考えた。悪無限の中に，すでに真無限が宿っていると考えても良い。

　そしてそこから同じ論理で，否定を徹底すると，それを肯定と言うのだと考えるに至ったのである。

　悪無限と真無限について，相馬氏は，三．の終わりと，六．で，悪無限を因果関係とし，生物の論理を真無限としている。これは正しいし，ヘーゲルは随所で，このことに言及している。しかし，私が，悪無限と真無限の関係で考えているのは，動物の死と精神の発生だ（前著『他者の所有』5-3）。つ

まり動物の,その個体は次々に死ぬ。それは悪無限である。人間もまた,次々に死ぬ。しかしそこに,個と類の自己関係が成り立って,精神が発生する。それが真無限だというのである。

つまりこういうことだ。ヘーゲルは,生物を真無限と考えれば,生物以前の論理を悪無限として,それ以前の論理からの発展が論じられる。しかし精神が真無限なら,生物は,それ以前の論理として,悪無限になる。

さて話はここからだ。因果関係と生物の論理なら,そこに進展があるのは分かり,悪無限と真無限の進展が理解できると思う。しかし,生物と精神はどうなのか。実はそこが良く分からないというところから,私の議論は出発している。

自己関係がポイントになる。悪無限と真無限の違いは,この自己関係にある。ただ,この自己関係とは何か。動物は,ある個体から次の個体が生まれて,元の個体はやがて死ぬ。これが次々と繰り返される。しかし人間は,動物と同じことをしているが,そこに個が類を自覚し,そこに自己関係が成立するから,とヘーゲルは言う。ただ,それは一体どういうことなのかと思う。

実は,動物の死＝悪無限も,人間の死＝真無限も,変わらないのではないかという結論に至る。自己関係というのは,成り立っていると思えば成り立っているし,成り立っていないと思えば,成り立っていない。ジジェクはそこのところで,「見方を変えれば」と言っている。その程度のものに過ぎない。しかし自己関係が発展の論理であるというのは,ヘーゲルのポイントだ。つまり悪無限から真無限を区別して理解するのが,ヘーゲル理解の根源に関わることだ。その根源のところで,しかし,実は大したことをヘーゲルは言っていないと私は考えている。しかし,それがまた重要でもある。つまり,ヘーゲルが一番大事だというところを,私はあえて,大したことはないと言い,その大したことがないところを,重要だと力説するヘーゲルを,面白いと思う。

さらに話は進む。私は,「否定の否定」は否定の徹底であると言い,それは悪無限であると言い,しかしそこに自己関係が成り立てば,それは真無限になり,しかしさらに,自己関係というのは,潜在的には常に成り立ってい

るので，それはもう，すでに真無限であり，このことを肯定と呼ぶ。つまり，否定の徹底が肯定である。その否定的プロセスを肯定と呼ぶ。

　悟性，否定的理性，肯定的理性の三段階で考える。このことが，「悪無限」と「真無限」の関係に繋がる。
　「小論理学」の79節から引用する。論理的なものは3つの形式を持っている。i 抽象的，悟性的な側面，ii 弁証法的，否定的理性的な側面，iii 思弁的，肯定的（positiv）理性の側面である。
　ここで，i, ii, iii を正，反，合としても良い。何度も書くように，ヘーゲルは，決して，そういう安易なまとめ方はしないけれども，そうまとめてしまっても，構わない。しかし，ヘーゲルは自在に，これらを使っていく。i=ii として，iii と対立させたり，また，i と ii=iii を対立させたりもしている。
　こういう風にヘーゲルを読んで行く。

　以下の表を作る。これは，『小論理学』79節に拠る。

i 悟性	ii 弁証法	iii 思弁
肯定	否定	肯定
有限	悪無限	真無限
直接制	媒介性	直接性
存在	（他者への）関係	自己関係

　ここで，ii と iii の関係が問われる。ii と iii が対立しているのではない。前者の運動を止揚して，後者になるとヘーゲルは考えているけれども，問題は，その止揚の意味である。実は，これは，前者の運動の中に，すでに後者が見えている。そういうあり方でしか，後者が成立しないということである。それがヘーゲルの真意で，そのことを言うために，私は，少々乱暴に，前者と後者は変わらないと言った。もちろん，変わらない訳がない。しかし，何か新しいものがあるのか。あるとヘーゲルは言うけれども，しかし，そこがヘーゲルのレトリックである。前者を徹底すれば，後者なのである。

本当は，i 機械論，ii 生物，iii 精神と考えるべきである。しかし，相馬氏が指摘しているように，機械論を ii 悪無限とし，生物を iii 真無限と読むことは可能である（i=ii vs. iii）。さらに，思弁がヘーゲルにとって大事なのに，弁証法が，「あらゆる真の学的認識の魂である」（81 節補遺）と言ったりもする（i vs. ii=iii）。

　「否定の否定」が肯定であることと，悪無限が，自己関係が成り立って真無限になることとは，同じ論理である。どちらも自己が他者になり，それが最初の否定で，しかしその他者の中に自己を見出して，自己関係が成立する。かくして存在論において，存在は，定在になり，定在は向自存在になる。ここで自己が確立される。
　しかし相馬氏は，前者を認めないで，後者だけ認める。それどころか，私が後者を認めていないとして，「ヘーゲルの問題意識を素通りしている」と言う。しかし繰り返すが，前者と後者は同じであり，かつ私は，両者を同じものとして認めている。もう少し正確に言えば，自己が他者になり，この他者がさらに別の他者になり，かくして否定が無限に続く。これが悪無限であり，私の言葉で言えば，否定の徹底である。しかしその中に自己関係が成立すれば，真無限＝肯定になる。以上がヘーゲルに即した言い方で，私はさらにそこから，実は否定の徹底＝悪無限の中に，すでに，肯定＝真無限が宿っているとしたのである。
　さて，それでは，なぜ，相馬氏が前者と後者を切り離して，後者のみ，ヘーゲルの文言に即して（私から言わせれば，この論理をそのままで認めてしまえば，それこそ「強いヘーゲリアン」になってしまうのだが）認めるのかと言えば，八．で，使用価値の悪無限性から，真無限＝価値を導き出すからである。
　しかしこれは存在論の論理ではない。これは後に（⑤で）書くが，本質論の反照の論理である。存在論の意義は，「否定の否定」の論理によって，向自存在を導くことにある。相馬氏は，八．で，反照の論理である包摂の論理を出して，そこで価値を導き，その限りでは，正確な認識をしているのに，

その論理を定在の論理にまで押し広げてしまったのである。

④ 交換・譲渡・売買が，否定の徹底である

　さて，ここから所有論に入る。所有の論理が，「論理学」の判断論の論理であるとしたのは，ヘーゲル自身である。『法哲学』の53節で，そう言っている。取得，使用，交換・譲渡・売買の三段階が，判断の，肯定判断，否定判断，無限判断に相当すると言っている。

　ここで，否定判断については，「バラは赤くない」ということで，しかし，何かしら，バラが色を持っているということは肯定されている。その特殊性が否定されて，一般性が肯定されている。所有においても，私は，物件を使用することで，物件をおのれの意思に従わせる。ここにおいて，物件そのものは否定される。これが使用である。しかし，意志と物件の間には，私が物件を使用したいとする限りで，肯定的な関係がある。ところが，再度，この関係は否定されて，しかし物件の否定がまだ，十分ではないので，意志は自己実現できないと，ヘーゲルは持って行く。否定が中途半端で，意志が肯定されていない。ここですでに，物件の否定を徹底的にすることで，意志が，肯定されるという観点が暗示されている。

　次に，交換・譲渡・売買において，物件は他者へと移り，そこにおいて，意志との関係は，徹底的に否定される。物件と意志との間には，何ら関係がなくなる。この否定の徹底が，無限判断である。しかしこのことによって，意志が発展する。ここから，意志は，不法を経て道徳へ，そして人倫という社会関係へ入って行き，意志が完成＝肯定される。これが『法哲学』の体系である。

　このことからさらに，この判断論の論理が，『法哲学』の体系を作っているということができる。これが，私が，『所有論』と『知的所有論』で問うて来たことである。これを「強いヘーゲリアン」だと言うのなら，その通りだと思う。しかし，そのことの意義はあると私は考える。

　私の所有論について，相馬氏は，「無理な解釈」だと言っている。しかし，

私の解釈は，さしあたって，ヘーゲルが，『法哲学』で言っていることを，そのままなぞっているので，「無理」と言われても，それはヘーゲルに言ってくれという話になる。すると相馬氏は，『法哲学』から，判断論を解釈するのは，「強いヘーゲリアン」だという。それはそうだと思う。ここで私は意図的に，ヘーゲルに寄り掛かっている。ヘーゲルに即して展開し，その上で，あまり知られていないヘーゲルの観点をあぶりだしたいと思っている。
　相馬氏は，私が所有論において，判断論に即しつつ，そこで所有を肯定していることに問題があるとしているのだろうと思う。確かにヘーゲルは，『法哲学』で，所有を肯定する。しかし私の所有論では，実は所有に力点はない。交換・譲渡・売買に力点があり，所有は肯定されるが，実は所有はどうでも良い。社会が作られるという観点が大事だし，さらに私が，『他者の所有』で書きたかったのは，人は，他者を所有したいと思うが，他者は所有できず，却って所有の危うさや，所有では決して人は満足することができないのだということに気付かされる。そこが書きたいことであった。だから所有は，繰り返すが，肯定されるが，しかしその場合の肯定と言うのは，先にも書いたように，本当は肯定ではない。いや，むしろ，この所有の面から，私の解釈，つまり，「否定の否定」は肯定だが，しかしその肯定というのは，否定の徹底のことなのであるというテーゼが，具体的になっている。そのことが分かってもらえればと思う。
　また前著『知的所有論』においても，さらには，最初の『所有論』においても，そのことは書いておいた。つまり，『所有論』の帰結は，知的所有であったし，『知的所有論』はそのことを受けて，その具体的な面を指摘したもので，知的所有において，たくさんの所有をする人は，決してそれだけで評価されるのではなく，その持っている所有物を，人にどのくらいあげられるか，社会で活用できるか，交換・譲渡・売買できるかが重要なのである。所有していること自体が重要なのではない。

　そしてさらに，そこから，所有の意味が問われる。そこまでヘーゲルが考えていたかどうかは分からないが，しかし，無限判断の意義を考えると，ヘー

ゲルが考えていなかったことまで，見えて来ないか。これが，『他者の所有』で言いたかったことで，人は物を所有すると言うが，本当に所有しているのか。また所有したいのか。本当は，人が所有したいのは，物などではなく，他者なのではないか。そして，その他者は，絶対に所有などできないのである。つまり，ここにおいて，所有は，徹底的に否定されている。

⑤ マルクスの所有論が，『資本論』である

　「存在論」の定在から，向自存在に至るところで無限が扱われ，これが事実上，「概念論」の論理が使われていると，『他者の所有』で書いた。「論理学」は，それから，量に入り，これが，「存在論」における「本質論」的要素であり，それから度を経て，いよいよ，「本質論」に入り，その長い過程を経て，「概念論」に至る。

　さて，ヘーゲルの体系はすべて，トリアーデなのに，概念論の中の，この判断論だけは，4つの分類になっている。これはカントをそのまま使ったので，仕方ないことだ。すなわち，1.質的判断，2.反照の判断，3.必然性の判断，4.概念の判断の，4つである。

　これは，ヘーゲルの「論理学」に対応させると，1.定在，2.反照，3.現実性，4.概念，に相当する。2.と3.が，「本質論」の論理になっていて，「存在論」，「本質論」，「概念論」というトリアーデに対応する。

　さて，そういうことから考えると，定在の論理の中に，無限判断があり，それが，すでに，真の無限に至っているかどうかということが，先の議論だったが，ここでは，反照の判断が，「本質論」の判断で，そこでは，関係性がポイントとなると思う。マルクスは，意識的に，この価値論で，反照の論理，つまり「本質論」の論理を多用していて，価値論は，そこから出て来る。従って，相馬氏の意見は，マルクスに沿ったものだと，私は考える。

　前ページに書いたことで，まさに「反照の判断」に対応する所有論があり得ると思う。それが，ヘーゲルがあまり意識しなかった，そしてマルクスが意識的に，『資本論』で，ヘーゲルを下敷きにして書いた価値論が，それに

当たると思う。

　しかし，相馬氏は，八．において，無限判断から，価値を展開する。私の考えでは，これは，無理である。マルクスは，意図的に，ヘーゲル「論理学」の本質論の論理を使って，価値論を，『資本論』で展開した。それは，本質論の論理だから，判断論で言えば，相馬氏が，的確に理解しているように，反照の判断，包摂の判断から出て来るものだ。反照の判断とは，判断の述語が反照規定であり，つまりその述語を通じて，他のものとの関係が問われるものである。だから，述語が何かしらの使用価値であり，そしてそれは他の使用価値と関係し，そこから価値が現れるのである。

　だから，この関係性の論理を，定在の判断から導くのは無理だと思う。つまり，使用価値の悪無限性の止揚の結果として，真無限＝価値とするのも，無理だと思う。それは，先にも書いたように，「否定の否定」の論理であって，反照の論理（本質論の論理）とは異なるからである。

　ここで，無限の理解が問われている。それは価値ではない。それは自由と同義である。他者という否定性の中で，自己を肯定することだ。しかし私の理解では，それは徹底して他者の否定性に自己を晒すことなのである。

　ヘーゲルの「論理学」の流れは，存在論で，存在が「否定の否定」の論理に拠って，無限性を獲得して，向自存在になり，それが本質論では，関係性の論理となる。そして，概念論で，再び存在論的判断，本質論的判断，概念論的判断と経て，推理論に至り，関係の中に，無限が宿っていることが確認され，それこそが，概念の論理であり，理論としては，これで完成する。

　そして私は，それをそのまま受け止めて，しかし，「否定の否定」は実は否定の徹底に過ぎないのではないかと言い，無限性を獲得する際に，実は，その無限とは，悪無限と変わらないではないかと言い，推理論が成り立つ際に，それは無限判断と同じ論理であろうと言う。そのように私はヘーゲルを読んでいる。

⑥　ヘーゲルに対しては、しばしば次のような批判がなされる。つまり、ヘーゲルは否定を重視していそうで、しかし最後は皆、肯定してしまうという批判がなされるのである。それに対して、私は、それはその通りだが、しかし、その際のヘーゲルの言う肯定とは、否定の徹底であると答えたい。

　また、前著で、ネグリ、バトラー、マラブー、レヴィナスを取り挙げ、今回は、アガンベンを取り挙げた。彼らは、ヘーゲル批判をしつつ、しかし実際にはヘーゲルをなぞり、ヘーゲルを繰り返しているに過ぎないという批判を私はしている。ヘーゲルこそ、否定を重視した思想家なのである。

　そういうヘーゲル批判の風潮の中で、むしろ体力のある、体系成立期のヘーゲルが、安易に体系を肯定に収斂させなかったという指摘は貴重である。

　そこから今回は、さらにヘーゲルは、それらヘーゲル批判を超えて、ヘーゲル批判を徹底しているということまで、私は言いたい。無限判断はその際のポイントとなる。つまり、否定概念を重視しただけでなく、否定の徹底＝無限判断を重視したのである。否定よりも無限判断の方を根底的だと考えていた。このことは、アガンベン論の最後（1-7）に書いた。またこのことは、ラカンとヘーゲルを比較することで、得られることでもある。

　そしてこの無限判断こそ、論理を発展させる駆動力となっている。そのことは「論理学」と『精神現象学』で示されている。

　さらに、以下の章で、『自然哲学』を扱うが、そこでは、自然の発展が記述される。その原理は、普遍・特殊・個別の進展で、これは「否定の否定」に他ならない。つまり、普遍が特殊化することが最初の否定で、それがさらに個別に至るのが、「否定の否定」になる。また逆に、個別は特殊を経て、否定の否定をして普遍に戻るのである。これが自然を発展させる駆動力である。実際、『自然哲学』に「個別性の否定は否定の否定として、肯定的な（affirmative）普遍性である」（246節）とある。自然には縦横にヘーゲルの論理が浸透している。

⑦　無限の概念が問われる。無限は、必ずしも「論理学」において、主導的なカテゴリーとして扱われていないように見える。それは存在論で、定在の

最後に扱われる。ヘーゲルの記述においては，一般的に，あとから出て来るカテゴリーほど重要だから，存在論で扱われる無限は，それほど重要ではないということになる。

しかし無限は，例えば，『大論理学』概念論の最後，理念の説明の際にも現れる。そこでは以下のように言われる。「精神は理念を自分の絶対的真理態として，それ自体で自立的な真理態として認識する。その中では認識することと行為することとが調和させられており，また自分自身の絶対知であるところの無限の理念である」(p.469=p.265)。定在の最後のところで現れた無限という言葉がここでも使われている。

すると次のように考えるべきだ。存在論において，最初の存在が否定されて他者になり，さらにそれが否定されて定在が生成する。しかしそうして生成した定在も直ちに否定されて，他者となり，その他者もまた否定される。それは悪無限的な進行である。その時に，自己と他者との関係が，自己と自己との関係だということになり，真無限が成立する。さて，それで一旦話が終わる。

この後，本質論の議論は飛ばして，概念論に行く。普遍，特殊，個別が，どう結び付くかが問われる。それが判断論だ。その定在の判断のところで，肯定判断，否定判断，無限判断と来て，自己関係が成り立つ一歩手前まで行く。そこから本当は，反省の判断，必然性の判断，概念の判断と来るのだが，それは飛ばして，推理論に行く。推理論は，最も概念論の特徴を表すものである。そこにおいては，自己関係がなされて，無限概念が成立している。さらにそれは客観を経て，理念に至る。ここでもう一度無限概念が確認される。つまり，螺旋的にカテゴリーが上昇しつつ，しかし議論としては同じことが繰り返されて進展して行く。これが「論理学」の大きな流れである。すると，無限概念は，「論理学」を貫く主導的な概念だということになる。

一方で本質論の議論があり，それは重要なものだけれども，そこを飛ばして，存在論と概念論を，この自己関係と無限の概念で結ぶことができる。「論理学」の大きな流れを確認できる。

3　ヘーゲルを繰り返す

　ヘーゲルは『自然哲学』において，自然の時間的な発展を考えていないが，しかし論理的な展開の過程は詳細に論じている。その論理的な展開を時間的発展と読み替えれば，それは進化論になる。しかも地球の生成，無機質から有機質が出てくる仕組み，さらに生物の発生を論じた上で，生物の進化を語り，そこから人間の精神の生成までを論じる。
　それは偶然性の役割を重視し，そこから自己組織的に進化がなされる仕組みを論じる。偶然性に基づいた上で，どう発展がなされるのか，その仕組みを「論理学」を参照しつつ，論じたい。以上が，3-1 の課題である。
　また，前著で，『自然哲学』から『精神哲学』への移行，つまり自然から精神への移行を論じているが，再度その論理を確認する。すると，そこに病，とりわけ精神の病が重要な役割を果たしていることが見て取れる。精神はその発生の時から，病にまとわれているのである。このことを，3-2 で議論する。
　さらにこれも前著で，ヘーゲルの戦争観を，カント平和論と比較しつつ論じているが，そのことを再度，3-3 で検討する。すると戦争は，ヘーゲル自身は明示していないが，まさしくヘーゲルの定義に即して言えば，国家の病である。それは必然的なものであり，重要な役割を持つのだけれども，しかし病には違いなく，それは克服されるべきものである。そこにヘーゲルの平和論の可能性が見出されるだろう。

3-1　偶然の体系『自然哲学』を読む

3-1-1　ヘーゲル自然哲学の面白さ

　ヘーゲルの自然哲学を，『自然哲学』と「論理学」に即して，読解して行く。
　ヘーゲル『自然哲学』において，自然が時間的に発展するという考え方は，明確に拒否されている[1]。しかし，ヘーゲルは，「自然は様々な段階から成るひとつの体系として考察されなければならない。ひとつの段階は，他の段階から必然的に発生してくる」(249 節) と言い，そこでは，自然は論理的に発展するものとして記述されている。私は，その論理的な発展を，時間的

に発展するものとして読み替えることが可能だと思う。さらに,「論理学」はそもそも,カテゴリーの発展を扱っているのだが,これを,自然の発展を記述するものとして読み込むことが可能だと思う。前著で書いたが,私の感覚では,社会は容易に発展しないし,また発展すると見ることは,社会観としては甚だ面白みに欠けるが,自然は発展している[2]。その発展の仕組みを,以下,詳細に展開したいと思う。

　最初に考えるべきは,その発展のイメージである。何がどんな風に発展しているのか。分かりやすい具体例を挙げて考えて行く。現代進化論の成果を,ここで参照する。それはヘーゲルの読解に役立つと思うからである。

　まず生物は,細胞核を持たない原核細胞という,単細胞に始まる。それがやがて多細胞生物となるのだが,その前に,真核細胞という,ひとつの原核細胞の中に,他の原核細胞が入り込んで共生し,より複雑な,しかしまだこの時点では,単細胞である生物になる。そこからこの真核細胞が,いくつか集まって役割分担をするネットワークができ,それが多細胞生物である。

　これは発展である。あとで詳述するが,この,原核細胞,真核細胞,多細胞は,ヘーゲルの言葉で言えば,普遍,特殊,個別に他ならない。それをヘーゲルは,発展の3段階として,記述している。生物というシステムは,複雑化する。そしてこの発展は,不可逆的で,つまり一旦,多細胞生物となったものが,突然変異をして,単細胞に戻るということはあり得ない。複雑化は一方向に進んで行く。そして多細胞になったあとは,今度は,その体制の中で,様々な方向に多様化して行く。

　ただ,そのように言っておいて,しかし次のことを考えねばならない。まず,これは何度も言及するが,地球上で最も個体数の多い生物は,バクテリアで,彼らは数十億年変化していない。彼らは戦略的に進化しないという選択肢を採った生物なのである。そういう生物もいる。

　また地球は今から,46億年前に誕生したと考えられていて,そこに原核細胞が生まれたのは,今から38億年前だと言われている。真核細胞が生まれたのが,20億年前で,多細胞生物は,10億年くらい前に発生している。そうすると,生物は,この世に生まれてからの38億年の期間の内,半分近

くを原核細胞として過ごし，さらにその後も，多細胞生物になるまで，10億年も掛かっている。これは，いかに多細胞生物になるのが大変なことなのかということを示している。生物は，28億年もの長きにわたって，ゆっくりと多細胞生物になるための準備をしてきたのである。まずは，その大変さを指摘したいと思う。

また，真核細胞が出て来る直前には，炭酸ガスを炭酸同化するシアノバクテリアが出現し，炭酸ガスの濃度が下がり，酸素が増えるということがあり，それが生物の進化に影響を与えている。それが，酸素を使って，エネルギーを得る真核細胞の進化を促すことになる。またもうひとつは，全球凍結と言われる，地球の冷却化が複数回あり，それまで高温だった地球が，一気に気温を下げ，また炭酸ガス濃度を下げ，しかし，その後に，再び高温になり，炭酸ガス濃度が増えるということになる。生物は，そのような環境の大きな変化に備えねばならず，適応性を増して行く。多細胞生物の出現には，そのような環境の激変が，大きな影響を及ぼしている。

詳細は，ネット上に連載している，「進化をシステム論から考える」に書いて来た[3]。ここでは，生物の発展は，環境の変化という偶然に根本的に左右されるということを指摘しておく。

偶然性が，重要なものとして考察されねばならないことを示す具体例を，さらに D. ラウプに見ることができる。彼は，『大絶滅 —遺伝子が悪いのか運が悪いのか—』という刺激的な本の中で，隕石が地球に衝突して，環境が劇的に変化するということが，今までに何度も繰り返されており，それが生物の大量絶滅を引き起こしたと書いている[4]。それは，その時に生きていた生物にとっては，まったく外在的な偶然であり，しかしそれによって，その種の運命が決められてしまうのである。

ここで適者生存とか，淘汰ということの意味が問われて来る。ネオ・ダーウィニズムには，あたかも，生物は環境に適合すべく，過酷な競争をし，その最も適したものだけが存在し得るかのような言説があるが，淘汰というのは，ある程度環境に適合すれば，それで良いというようなもので，生物はたいてい何とか生き延びられるし，また，生物は，目や足を持つようになれば，

自分が生きるのにふさわしい場所に移動することもでき，つまり最もその環境にふさわしいものだけが，生き残るという訳ではなく，それなりに，環境に適合すれば，生き延びられるのである。

　とすれば，生物は，無限に多様化して，その種の数が増えて行き，やがて飽和レベルに達するだろうと思われるのだが，そこで大きな役割を果たすのが，この絶滅で，環境の激変によって，地球は，何度も，それまで栄えていた生物が滅びるのを見ることになる。それまで，その環境にそれなりに適して生存していた生物は，ある日，地球に隕石が落ちて，そのために，ラウプの表現を使えば，理不尽にも（wanton），滅びるのである。これもまた，ラウプの表現を使えば，地球上では現在，今までに栄えた生物の，0.1％しか生き残っていない。99.9％の生物は，不条理にも滅びて行ったのである。しかしまた，そのことが，常に新しい生物の爆発的な出現を促し，生物の多様化に繋がっている。生物は絶滅することによって，常にその進化が促されて来たのである。

　これらのことから分かるのは，生物はかなりの程度，その発展は偶然に左右されるということである。そこは押さえておく。そのことは，今後も繰り返し，具体例とともに，言及される。実は，生物がどのように発生したのかということについて，まだ論じていないが，そこにおいても，偶然の力は大きい。そのことにも，のちに触れたい。しかしなお，その上で発展の仕組みがあって，生物は発展してきた。私は，その仕組みを解明したいと思うのである。

　生物は今に至るまで，もしかしたらずっと，原核生物のままであったという可能性があり，また，多細胞生物となった後も，何度も絶滅とその後の急激な多様化を経験しており，その中で，ちょっとだけ偶然が異なっていれば，現在とはまったく違う生物が，生き残っていたかもしれないということは，ここであらためて確認しておく。

　そして先にも触れたが，もうひとつ確認したいのは，生物は発展するのだけれども，すべての生物が発展する訳ではなく，また発展した生物だけが生き残ることができる訳でもないということである。現在でも地球上に多く占

めるのは，細菌のような原核細胞であり，酵母菌のような真核細胞である。また細菌とは異なる原核細胞として，温泉などにいる古細菌を挙げることもできる。さらには，先述のシアノバクテリアも，出現してから数十億年経つ今も，この地上に生存している。つまり，自然は，進化したものだけが生存を許されているのではなく，ほとんど進化しないものも，多く生き残って，その多様性を保持している。生き残っているのだから，環境に適合的なのである。そのことも押さえ，しかしなお，多細胞生物が出現してからは，生物は加速度的に，その進化を早めて来ており，やはりその仕組みを扱いたいと思う。

　もうふたつの点を，発展と言うときに考えねばならないと思う。ひとつは自己―他者関係である。先に原核細胞が真核細胞に発展したと言ったが，その際にある原核細胞の中に，他の原核細胞が入り込んで，共生し，真核細胞になったと言われている。すると，自己の中に他者が入り込み，共存し，新たな自己を作ったということになる。

　さらに，その真核細胞が，多数集まり，相互にコミュニケーションを取って，ネットワークを作り，多細胞生物が生まれる。そこでは多数の他者が集まり，自己を形成している。自己形成をここでは発展と読んで良い。するとこのように，自己の形成には，他者の存在は根源的である。

　もうひとつは，多細胞生物は必ず死を迎える。それは必ず消滅する。しかしその前に，生殖行為をし，つまり他の個体と交わって，新たな個体を作る。そのようにして，種を維持する。ここで，このことを，個というシステムが崩壊して，種というシステムが生かされると考える。もっとはっきり言えば，個体というシステムが崩壊しない限り，種というシステムは現われて来ない。ここにシステムの，生成と崩壊の仕組みがある。その仕組みを通じて，種というシステムが進化する。

　さらに，先のラウプの説を再度，取り挙げてみる。すると地球規模で考えれば，それまで栄えていた種が絶滅することで，次の種が栄えることになり，地球という全体をシステムと考えれば，その中で，ひとつの種が崩壊し，他

のシステムが生じ，このようにして全体の多様性を維持している。ここでも消滅と生成とは，セットにして考えるべきである。

さて，ここでヘーゲル論理学が出て来る。先にも書いたように，ヘーゲルは生物の進化を認めていないが，しかしすべての著作において，発展の仕組みを論じており，物事が発展するということは，論理的に考えて，これ以外にはありえないだろうという，その機構を論じている。とすれば，生物の発展も，論理的には，そのようにしかならないのではないか。そういう先入観をまずは持つ。

ここで，ヘーゲルの言葉で言えば，主体化とか，個体化ということが，発展である。それで一方で，ヘーゲル論理学を読み解いて行き，一方で進化論を研究して行くと，両者が実によく似ていることに気付く。しかしこれは，当然のことなのである。とりわけ，ネオ・ダーウィニズムが，その機械論的発想の持つ限界を露呈し，カオス理論，自己組織理論やネットワーク理論を受けて，複雑系生命科学（金子邦彦）だとか，進化システム生物学（田中博）だとかが，2000年以降に，着実な成果を示し始めると，そこで使われている言葉遣いが，ヘーゲルの用語に似て来ることに気付く[5]。これも極めて，自然のことだと，私は思う。

ネオ・ダーウィニズムは，遺伝子の突然変異と，その後の自然淘汰というふたつの原理から成るが，そして私は，この法則は，限られた範囲内では，実によく生物の進化を説明するものだと考えていて，その意味で，最も成功を収めた理論だと思うのだが，しかし，繰り返すが，それは限られた範囲内でしか成り立たない。少なくともそれは，遺伝子がまだ存在しない時に，どのようにして生物が出現したのかということを説明しない。これは明らかである。また第二に私は，進化論は最終的には，人間の精神の出現も扱わねばならないと思っているが，そのことも，ネオ・ダーウィニズムでは扱えない。精神の出現は，単に猿が突然変異によって，知能の高いものになったという話ではなく，動物と人間の間には，連続と断絶とがある。そこには，そして第三に，多くの論者が生物の進化を扱うにしても，小さな進化ならネオ・ダー

ウィニズムで良いのだが，大きな進化だと，扱えないことを指摘している。以上3つの理由で，私はここで，もっと大きな理論的枠組みを提出しないといけないと思っている。それは先刻から論じているように，偶然性に大きく依存し，かつ，しかしその上で，その偶然を利用した，何かしら発展の仕組みが物理的に考えられるはずで，そうすると，遺伝子の突然変異に依拠することは，この偶然性を重視するひとつの例であり，その後の自然淘汰は，偶然を発展に繋げる仕組みのひとつの形態であって，そうすると，ネオ・ダーウィニズムは，私がこれから論じる枠組みの中の，ある特殊な一例を構成するものとなり，それは間違いではなく，ただ単に不十分なものなのである。繰り返すが，限られた領域では，極めて有効な理論だが，しかしそれは，限られた領域でしか通用しないというものである。

　自然科学者も，また，論理実証主義などを奉じる多くの哲学者も，ヘーゲルの提示する形而上学を嫌っている。それはそれで構わないし，そして私が，その理論が，複雑系進化論だとか，進化システム生物学だとかに似ていると指摘すると，ただ単にアナロジーがあるだけだと言われるに違いないのだが，しかし，そのアナロジーは本質的なものである。繰り返すが，ヘーゲルが物事の発展の仕方を論理的に扱い，これ以外に発展する仕組みとしてはあり得ないというものを提示している以上，それが，現代生物学の記述するものと似て来ることは，必然的なのである。私が言いたいのは，ただそれだけのことだ。

　また，しばしば，進化論を論じる場合，とりわけ，ダーウィン批判をすると，それが創造説や生気説に繋げられて理解されてしまうことになる。しかし，ヘーゲルの論理は，目的論的ではあるが，神を必要としていない。徹底的に物理的なものとして，それを記述することができる。生物の進化は，偶然と物理法則に拠るものなのである。それ以外は要らない。ヘーゲルの論理学は，その偶然の重要性と自然の持つ法則とを明らかにするものである。

3-1-2 物質の運動

「論理学」の客観性と『自然哲学』の記述は重なっている。この節ではまず，具体的にそのことを見て行きたい。この客観性のあたりは，『小論理学』と『大論理学』の差は少ないので，『大論理学』と『自然哲学』の目次をまとめておく。

『大論理学』第三巻概念論第二篇客観性
  第1章　機械観　　　　Der Mechanismus
    A 機械的客観
    B 機械的過程
    C 絶対的機械観
  第2章　化学観　　　　Der Chemismus
    A 化学的客観
    B 化学的過程
    C 化学観の推移
  第3章　目的観　　　　Die Teleologie
    A 主観的目的
    B 手段
    C 実現された目的

『自然哲学』
  第1章　力学　　　　　Die Mechanik
    A 空間と時間
    B 物質と運動
    C 絶対的な力学
  第2章　物理学　　　　Die Physik
    A 普遍的な個体性の物理学
    B 特殊な個体性の物理学
    C 統合された個体性の物理学

第3章　有機体の物理学　Organische Physik
　A 地質学的自然
　B 植物的自然
　C 動物の有機体

　こうして見ると，完全に重なる訳でもないという気がする。まず第1章で，機械観と訳し，力学と訳すところは，ドイツ語では同じ語根だから，ここは良しとしよう。

　また『大論理学』第2章は化学観で,『自然哲学』の第2章は物理学になっている。つまり一見すると，両者は異なっているように見える。しかし『自然哲学』では，第2章の最後「C 統合された個体性の物理学」の後半に，化学の説明がある。すると，今日の感覚で，機械観＝力学はまさしく物理学だが，『自然哲学』では，第2章に入ってもまだ物理学の記述が続き，やっとその最後で化学に入るということになる。物理学で扱うべき事象が多過ぎて，体系をはみ出したと言うことができる。しかし最後になってやっと出て来るとは言え，最終的に化学が扱われているということと,『自然哲学』第2章で扱われている物理学のいくつかは，今日の感覚で言えば，高分子物理学であったり，物理化学であったりし，化学に大分近い物理学と言うことができる。つまり，結論としては,『大論理学』と『自然哲学』は，この第2章においても，大きな差はないと言える。

　さらに,『大論理学』の目的観は有機体，つまり生物を扱うから，ここ第3章も『大論理学』と『自然哲学』は重なる。このことについて，以下のように考える。『大論理学』の客観は,『自然哲学』を念頭に置いて，その論理を抽出している。それはまず何より，客観という存在の運動なのである。しかしこの客観を主観の対象に過ぎないと見做す読み方がある。とりわけ，最後の章は，今まで，労働論としてのみ，読まれていた。つまり主観が自然という客体に向かう際の，その対し方として読まれていた。そういう読み方も可能なのだけれども，しかし以下に説明するように，客観の運動として見れば，やはりそれは，生物の論理として読むべきだろう。それがヘーゲルの考

えていたことだ。とすれば，すべての章で，『大論理学』の客観と『自然哲学』は完全にその内容を等しくしているのである。

　要するに，ヘーゲル論理学を，認識の運動としてしか見ないという読み方があり，そのために，理解が不十分になる。「論理学」では，認識と存在の運動が同時に起きていると見なければならず，この箇所は，まずは存在の動きがあり，その上で，第3章目的観で生物が発生して，生物の主体的な，自然への働き掛けが要求されている。
　さらにまた，以下のように考える。まず客観の中の，機械観，化学観，目的観は，それぞれその論理は，その前の段階の主観性の，概念論，判断論，推理論に対応する。しかし推理論の段階では，まだ概念の他在が登場しておらず，それは客観が生成して，その中において，初めて現れることになる。客観性は，概念の主観的活動によって，存在のシステムを論理化し，その過程で，概念の他者と出会うのである。かくして，ヘーゲルの客観性は，客観的に存在するものとなる。
　詳述して行く。
　客観は，『大論理学』の中で，6個目の直接性である（このあたりは，海老沢2012を参照した）。直接性とは存在のことである。すなわち，存在論の存在（Sein）と定在（Dasein）があり，本質論に入り，現実存在（Existenz），現実性（Wirklichkeit），実体（Substantialität）と続いて，概念論の客観（Objektivität）となるのだが，その内，最初の存在はまだ媒介されたものではなく，ただ単にあるというだけのものに過ぎず，そのあとに定在が成立する。その間の経緯については，前著，及び本書「インタールード2-②」で書いている。そしてさらにそこから，現実存在，現実性，実体が出て来る。そこでは偶然と必然の関係が主題となる。この間のことは，3-1-3で扱う。その実体は，さらに交互作用を経て，「主体の自由な国」に入る。それが概念で，概念は，概念そのもの，判断論，推理論と進展する。そこでは，普遍，特殊，個別の関連が，それらのカテゴリーを進展させる原動力となる。そしてそれらを経て，客観が出て来るのである。そこで初めて，存在が，抽象的

な段階を脱して，自然として存在するものとして扱われる。

　つまり，「論理学」全体が，そのまま『自然哲学』でもある。それはカテゴリーの発展を記述するもので，認識の展開でもあり，同時に，存在の進展でもある。

　ひとつのポイントは，このようにして直接性が出現するということで，従って先にも書いたように，客観は主観と対立するものとして，つまり認識の対象として考えられているのではなく，客観的に存在するものと考えられているということだ。そしてその存在が客観的と言われるのは，定在以降の存在を踏まえて，十分媒介性が統一されたものとして存在しているということなのである。

　もうひとつはこの間の展開に，以下に述べる偶然と必然の論理（3-1-3）と，個別・特殊・普遍の論理（3-1-4）を内在させているということである。それが発展の論理である。

　とりわけ，概念の運動の直接的な成果として出て来ているので，客観の運動は概念の運動に，そのまま並行的に対応させることができる。すなわち，先に述べたように機械論は概念そのものと，化学論は判断論と，そして目的論は推理論と対応する。すると，化学論，すなわち判断論の最後に無限判断論が来て，そこから生物が出現するという考え方が，見て取れる。さらにその無限判断論が縦横に使われて，次の段階に進む。「論理学」では，客観性の次の段階とは，理念で，その第１章が生命，第２章が認識である。『自然哲学』は，すぐに続いて，『精神哲学』となる。きれいに対応はしていないが，「論理学」において，生命は客観の完成されたもので，その論理が，もう一度繰り返されると見るべきである。ただし，それは，『自然哲学』の生命ではなく，「純粋理念としての論理的な生命」（『大論理学３』p.470 = p.267）だと言われるのである。

　すると「論理学」は『自然哲学』そのものでもあるし，『自然哲学』は自然における「論理学」なのである。そのことだけを確認する。しかし，そのニュアンスは，両者において異なっており，それを詳細に分析することも必要である。一方で，頭の中で論理を反芻しつつ，体系を完成させ，一方で，

当時の自然に関する研究を可能な限り集めて，事実に語らせようとする。しばしば体系と事実は衝突する。今度は以下，『自然哲学』の記述を中心に見て行きたい。つまり，自然の事実をヘーゲルがどのように扱っているかを見て行きたい。

また，ここは，物質がどのように運動をし，そこから生物を産み出すのかということが叙述されている。物質の持つどういう性格が，生物に繋がるのかということを，ヘーゲルが論じているのである。その説明は，極めて興味深い。

具体的に見て行く。

「論理学」の機械観ではまず，直接的な存在が，バラバラにあるというだけの段階があり，次いで何かしら，それらの存在の間に力が働き，つまり物体と他の物体とが何かしらの関係を持つ段階があり，最後にその関係性は，中心性と言われるものになる。

この中心に向かう力は，『自然哲学』では，重力と言われる。宇宙にまずはバラバラに物体が存在し，それが関係し合い，その関係の中で最も重要なのが，重力である。「物質は，……観念的な個別性，すなわち中心であり，これが重さ（Schwere）である」（262節）。物質は，反発と牽引という契機の否定的統一として，個別性である。その個別としての物質は，中心性を持ち，それが重さである。ここで，質量（Mass）がスカラーなのに対し，重さはベクトルであり，つまり力の向きと大きさがあり，すでに重力と訳しても良いものである。「C　絶対的な力学」にまで進むと，重さは重力（Gravitation）と呼ばれる。「重力は，物質的な物体性の，理念として実現されている真の規定された概念である」（269節）。

「論理学」における次の段階の化学観では，「親和的な客観（differente Objekt）」という言葉がキーワードになる。中心性が物質に内在化し，客観と客観が，独立しつつ，親和的な関係を持つ。この他者への関係が，ここでは本質的なものになる。そしてこの対立的な，つまり自己を否定し合う関係は，対立すると同時に，両者が相補いつつ，中和する。この中和を原理とする段階が，化学的段階である。

これが『自然哲学』の「第2章　物理学」では，この化学的な関係が生じる前の段階が詳述され，そこでは，地球の誕生が論じられる。先の「第1章　力学」において，重力が論じられた。宇宙の天体が衝突し，また凝固して，単独の存在となる。そういう運動の中で，地球が誕生するのである。「地球が実在的で生産的な個体性として生成した」(288節)。その後に，『自然哲学』では，この段階で，熱，磁気，電気が取り扱われる。「論理学」においては，それらは「第1章　機械観」の段階で，つまり，重力が論じられる直前に論じられる。現代物理学の水準からすれば，熱，磁気，電気は物理学の範疇にある。とすると，「論理学」では，第1章が物理学で，第2章が化学となっているのに対し，『自然哲学』では，第2章の後半になってやっと化学が出て来て，それまでは物理学の記述だということになる。先に述べたように，多少は化学に近い物理学も交えつつ，基本的には物理学として叙述されている。

　つまり先に書いたように，『自然哲学』では，第2章の「C 統合された個体性の物理学」の「c 化学的な過程」に至って，やっと化学的関係が論じられるということである。これは私の言葉で言えば，ここで有機物質の誕生を扱っていると思う。無機質からどのように，有機物質が生まれたのか。化学的な関係が，無機質から有機物質を生むことになる。地球には最初，無機質しかない。しかし，水から酸素と水素が生まれ，窒素や二酸化炭素から，アンモニアやメタンが生まれ，そこから分子が脱水重合して，有機分子が生まれ，それらが結合して，タンパク質などの高分子が生まれる[6]。

　そして「論理学」の「第3章　目的観」が出て来る。ここは今まで労働論として読まれて来たと私は説明した。主観的目的があり，それが客観の一部である手段を使って，客観に働き掛け，客観の中に主観的な目的を実現させる。とりわけここまで来ると，客観の運動から主観が出て来て主客の関係が問われるから，それを労働論として読んで良い。しかし本来は，これは生物がどう発生して来たのかを問う論理として読むべきである。

　『自然哲学』においてこのことは明確で，ここ「第3章 有機体の物理学」の議論において，生物が誕生する。ダーウィンは，生物が誕生してからの進

化を扱ったが[7]，ヘーゲル『自然哲学』はそれ以前，つまり，物質からどのように生物が生まれたのかというところから議論を始める。ただし時間的な発展ではなく，論理的な発展として考えているのだけれども。

すなわち，中心に向かう性質があるもの，親和性があるもの，目的を持つものと自然は進展する。それぞれ，自然の力学的，化学的，生物的関係を表す。これはまさしく，物質の進化及び生物の出現を論じるものである。「生命的なものの産出は，一般にカオス，そこにおいて植物的生命と動物的生命，有機的なものと非有機的なものが，ひとつの統一の内に存在していたカオスからの革命として表示される」（339節補遺）。

この議論の続きは，3-1-4に持ち越される。この節の最後に次のことを指摘し，3-1-3に進みたい。

それは，偶然と必然の議論である。この議論は，次節では，「論理学」を分析しつつ説明するが，ここでは，『自然哲学』において必須であることを指摘しておく。自然は必然性の国にあり，しかし実際には，根本的に偶然に左右されている。「自然がその現存在の中で示すものは，自由ではなくて，必然性と偶然性である」（248節）。「理念が自然として自分自身に対して外的であるため，矛盾が生じるが，その矛盾は，詳しく言うと，一方では，理念の形成物が概念を通じて生み出された必然性であり……，また他方で，相互に無関係な偶然性と規定できない脱規則性である」（250節）。

3-1-3 偶然の体系

まず『精神現象学』の一節を引用する。哲学は，図式的な形式主義であってはならず，「哲学の境地とは，おのれの諸契機を産み出し，これらを遍歴する過程であり，そこに生じる運動の全体が肯定的なものを成し，またこれとの真理を成している。だから真理と言っても，同時に否定的なものを内包しており，……贋なるもの（本質的でない，偶然的なもの：高橋注）をも内包している。現象とは，生成と消滅のことであるが，この生成と消滅が，それ自身は，生成したり，消滅したりせず，……真理の生命の現実性と運動を成している。かくして真理とは，誰も酔わない者はないバッカスの踊りであ

り，このよろめきは，同時に清らかに澄んだ，静止である」(p.34f. = p.44)。

　まさに動的なシステムが記述されている。偶然を内包し，それらを活用して，生成して行くシステムである。加藤尚武は，「真理は，個別的偶然的な運動の集合体が全体としては必然性を形成するところに成り立つ」と言っている（加藤 2013a, p.8）。真理は動的な均衡であると言い換えられる。
　これはまず，カントの世界にはない考え方である。カントにおいては，個別的に必然的な連鎖の全体が必然的な運動を形成すると考えられていて，偶然性と必然性との間には絶対的な溝がある。さらに，自然法則の必然性と個人の自由も両立できない。個人の自由な行動が，全体として法則を持つという発想はない。
　また，これはヒュームにもない考え方である。ヒュームは，偶然の集合が必然を作るという発想をまったく持っていなかった。ヒュームの主張したのは，偶然性の否定であり，その背景には，決定論的な世界観と，しかしそれを人間は認識できないという不可知論がある。
　それに対して，ヘーゲルが，この偶然と必然の考え方を作った際に参照したのは，A. スミスだろうと加藤は言う。「神の見えざる手」という表現をここで挙げておく。市場での個々人のランダムな動きが，全体としては，調和が取れた状態になり，そこに経済法則が見出されるのである[8]。
　この動的な均衡は，私の言葉で言えば，以下のようになる。偶然と必然を二項対立的に論じるのではなく，偶然の堆積が，揺らぎを通じて，自発的秩序形成をすることが，ここで考えられている。しかも，A. スミスや，このヘーゲルの記述を解釈している加藤尚武は，この偶然を通じての秩序化という現象を，社会の中で生じるものと考えているが，私はさらに，これを自然の中にも見出すことができると考えている。ヘーゲルもそう考えていたはずで，従って，私は，この考えを，自然と社会の両方に貫徹する法則をまとめた『論理学』と，自然の法則をまとめた『自然哲学』の中に見出そうと思うのである。

このことを、『大論理学』の第二書「本質論」第三編「現実性」第二章「現実性」の議論を使って示したい。
　まず、偶然は実在する。このことを最初に確認する。存在するものはすべて必然的だが、主観がそれを、認識できないだけだという考えを、まずは拒否する。
　偶然は、「ひとつの現実的なものである」が、しかし、それは可能的なものとして規定されているような現実的なものである。「それはまだ何の根拠もない」ので、偶然的なものと呼ばれる。こうなると、存在するものはすべて偶然的なものだということになる。
　偶然的なものは、根拠を持たないと、まずはヘーゲルは言うのだが、すぐに根拠を持つとも言う。つまり、それは必然的なものになり得るという、可能的なもので、当為として根拠を持つ。この二面性が偶然の本質だ。偶然は偶然に過ぎないのだが、別様にもあり得て、つまり、必然にもなる。ヘーゲルはこれを「形式的な必然性」と呼ぶのである。これが最初の議論である。
　このことを、『小論理学』で見て行くと、以下のようになる。自己の存在の根拠を他のものに持つものが偶然である。偶然は、「可能的なものという意味」ではあるが、現実的なものである。偶然的なものは現実的に存在する。偶然が存在すること自体が必然である。かつ、「自然の表面では、偶然が自由に闊歩している」と言い、哲学は、世界をすべて必然的だと見なすものだと、人は考えているが、そうでなく、世界は、自然の世界だけでなく、人間の社会においても、偶然で満ち溢れていることを認めるべきである。そのように、ヘーゲルは言う（以上、145節補遺）。
　さてそののちに、この「形式的必然性」は、次に「相対的必然性」と呼ばれるのだが、これはまだ即自的には偶然で、あるいは出発点としては偶然に過ぎない、そのような必然である。そこから必然が生成するとヘーゲルは言う。これが第二段階である。ここでは必然が生成するが、しかしこれは相対的なもので、それ自身はまだ偶然的なものでもある。
　しかしここから直ちに、必然性と偶然性の統一が出て来る。この統一は、「絶対的必然性」と呼ぶべき、第三段階の必然性なのだが、しかしこれも、自ら

の根拠を偶然性に置き,つまり自らを偶然性だと規定する必然性なのである。

　この間のことをもう少し,言葉を換えて説明したい。「絶対的必然性」とは,自らを偶然だと規定する必然性のことである。存在するのは偶然である。これはどういうことかと言えば,諸事象が,孤立して存在する限りで,必然性は現われないからである。個々の偶然の事象が全体の中で位置付けられて,初めて必然性が姿を現すのである。必然性は,諸事象間の必然的な結び付きとして現れるのである（以上,徳増2015を参照した）。

　以下は,必ずしもヘーゲルがそう考えていたと言うのではなく,私の考えを,上述のヘーゲルの説明に絡ませつつ,敷衍したい。
　まず,存在するものはすべて偶然だが,それは,必然に転化する。転化するというのは,ふたつの意味において,そうである。まずは,例えば,さいころを振ると,次に何の目が出るかは偶然だが,しかし常にそこに確率的必然が貫通しているという例を考える。ここでは,個々の事象,つまり次に何の目が出るかということはあくまでも偶然なのだが,例えば,6万回くらいさいころを振れば,1万回くらい,1の目が出るという,確率的な必然性がそこに現れる。
　もうひとつは,偶然的な事象が,自己組織化され,秩序化され,全体として,必然性の中に位置付けられるということがある。個々の出来事は偶然だが,全体としては必然となる。あるいは大部分の事象は,偶然のままだけれども,それらが作用し合って,全体として見れば,そこに必然性が見出されるということはある。すべての偶然は,その姿は偶然だが,必然性の契機は持っている。
　先の,『精神現象学』の記述もまさにそのことを示している。偶然はあくまでも偶然で,しかし全体として必然的な運動をする。必然性は,その中に偶然性を持っている。先にこれは,A.スミスの影響であるとした。つまり,個々の経済主体は,それぞれ偶然的な動きをするのだけれども,全体としては,調和が取れているという考え方である。私はさらに,これはのちに科学史の上に現れる,熱力学的統計力学的な見方を先取りしていると思う。

偶然的な事象を貫く確率的な必然性が，全体の中に見られるということと，すべての事象は偶然的だが，それらが自己組織化されて，必然的な方向性を持つに至るということは，区別して考えた方が良い。「論理学」の記述だけから，後者の考え方までを導くのは困難かもしれない。しかし『自然哲学』全体の運動は，明らかにこの自己組織的な秩序形成を示していると思う。そしてその論理的根拠は，「論理学」のこの偶然と必然の議論にあるのである。

3-1-4　普遍・特殊・個別

　普遍・特殊・個別の考え方は，すでに何度も書いている。特に『知的所有論』6-1 では，これを主題として扱っている。

　このことをもう一度，「論理学」の「概念論」を使って見て行く。そこではまず普遍が実在し，それが自ら特殊化し，個別に至ること，そしてその個別が，さらに再び普遍に還帰することが記述される。ここで普遍は，通常は個別を抽象化して，頭の中で得られるものに過ぎないと考えられるかもしれないが，ヘーゲルの場合はそうではない。先の例で言えば，原核細胞は，普遍である。それは，他の原核細胞と区別されないので，それは個別ではなく普遍であり，まさしく普遍として実在しているのである。それが真核細胞という特殊の段階を経て，多細胞に至ると，それが個別であると考えることができる。それはたくさんの細胞の集まりで，個別としてのシステムを形成しており，生殖を通じて，他の個体と交わり，他の個体システムを作り出す。そして自らは，必然的に死ぬ。つまり，個別は有限である。

　ここで重要なのは，実は特殊の段階で，真核細胞ができなければ，多細胞生物は生まれない。特殊の役割の重要性は，ヘーゲルの強調するところである。

　そしてその上で，個別は死を通じて，類という普遍に繋がる。しかし，動物はそのことに無自覚だが，人間はその死を自覚し，類を自覚する。つまり意識的に普遍に繋がる。そのことを以って，ヘーゲルは，個別が普遍に還帰すると言っている。それが精神の出現である。つまり実在する普遍が特殊を経て，個別に至り，その個別は再び，普遍に戻るのである。おおよその流れ

はそんなところだ。

　以上を,『自然哲学』の中で見て行く。
　先に, 第1章「力学」と第2章「物理学」まで見ている。ここでは第3章「有機体の物理学」を見る。ここから生物の進展の話になる。
　生命は, 最初は普遍的なもので, つまり単なる物質である。それが動物になって初めて,「個別的で, 具体的な主体性」となる (337節)。その最初の物体は, 地球と呼ばれている (338節)。地球は生命の根拠であり, 根底である (339節補遺)。「物理的な有機化」(340節) とも言われる。それは「生動性」であり,「陸と, そして特に海は, 生命の実在的な可能性であり, あらゆる地点で無限に, 点のような, 一時的な生命力を産み出す」(341節)。ここは物質, すなわち非生命体から, 如何にして生物が生まれるかを扱っている。
　「普遍的な, 自分にとって, 外的である有機体と, このような単に点的な, 暫定的な主体性とが, 分離される」(342節)。この,「暫定的な主体性」とは, 原核生物のことであると見て良い。かくして物質という普遍性から,「自分で自分を分節する主体性」が生まれる。
　ヘーゲルの普遍概念は, ここに良く表れている。繰り返すが, 普遍は実在する。個別的存在を抽象化して, そこに普遍を見出すと言うのではない。普遍が実在して, つまりこの場合は, 生物を産み出す高分子が普遍であり, そこから, 原核生物という個別が生み出される。
　そうやって生まれた原核細胞は, 今度はそれ自身が普遍となって, さらに個別化へ向かう。それが次の記述である。「A 地質学的自然」で生物の発生を論じたあと,「B 植物的自然」は飛ばして,「C 動物の有機体」に行こう。そこでは, 多細胞生物として, 個体化を図った生物が論じられている。
　「有機体的な個体性は, 主体性として存在する」(350節)。ヘーゲルの言葉をそのまま使っておく。「ただしそれは, 形態の固有の外面性が分肢へと観念化され, 有機体が, 外へ向かう, その過程において, 自己としての統一を自分の内に獲得する限りにおいてである。これが動物的な本性である。動

物的な本性は，直接的な個別性の現実性と外面性の中にありながら，同時にこれに対抗して，自分の内へ反省した個別性の自己，すなわち，自己の内に存在する主体的な普遍性である」（同）。

　この普遍と個別のダイナミズムが，ヘーゲル論理学を進展させる原動力である。ここに，自己関係が成り立っている。自己関係が創発を促す。

　さらに動物は，熱（体温）を持ち，栄養摂取をし，感情を持つ。これを，「自己を保持する普遍的な個体性」（351節）と言う。

　ここで動物を，形態，同化，類の過程に分けて，考察する。

　まず，動物は個体として，自己自身と関わる，個体的な理念として考察する必要がある。これは動物を，その形態から考察するものである。

　次に動物は，非有機的な自然と関わり，これを観念的に自らの内に取り込む。これが同化であり，この面から動物を考察しなければならない。ここで観念的というのは，非有機的なもの，つまり栄養物だとか，酸素を体内に取り込んで，それを自らの身体の一部とすることである。

　最後に動物は他の個体と関わる。つまり「他者の中で自己自身と関わる理念」である。ここでは性が考えられている。これを類の過程とヘーゲルは呼ぶ（以上，352節）。

　動物は以上の形態，同化，類の過程と，3つの観点で考察が進められる。形態の観点からは，動物は，感受性，興奮性，再生産の機能を持つことが確認される。さらに，その感受性は発達して，視覚や聴覚になり，興奮性は，欲求や本能になり，そして再生産の観点は，栄養補給として，考察されることになる。その上で，いよいよ類が現れる（以上，353節から365節まで）。

　366節では以下のように言われる。「動物は，外部の自然との過程によって，自己自身の確信に，自分の主体的な概念に，真理，客観性を与えて，個別的な個体となる。……自己自身と合体した概念は，具体的な普遍として，類として規定される。類は主体性の持つ個別性との関係と過程の中で登場する」。

　このあたりは，『大論理学』の分析と併せて考察する必要がある。というのも，367節には，次のようなことが書いてあるからである。「類は主体の個別性と，元々は自体的に存在する単純な統一を保っている。主体の具体的

な実体が類である。しかし普遍的なものは判断である(普遍は自己分割して，特殊の段階に至る。以下，括弧の中は高橋注)。判断という自己自身の身に付けている分裂から出発して，<u>単独で存在する統一</u>となる。そして自分を<u>主体的な普遍性として現存させる</u>(生物の個体は，必ず類として現れる)。普遍性が自分を自己自身と推理論的に連結するこの過程には，類の単なる内面的な普遍性の否定が含まれる。それとともに，生命体は，まだ自然的なものとしてこのような直接性の中にあるのだが，単に直接的な個別性の否定も含まれる(つまり個体は死ぬ。その死を超えて，生命体は，自然性を超え，類＝精神に至る)。」

ここでは，普遍が特殊を通じて個別になり，その個別はまた死ぬことで，普遍に戻って行くということが書かれているのである。

以下，『大論理学』の個と普遍について，見て行く。

何度も言うが，最初の生物は普遍だと言える。それは個ではない。多細胞になり，交配し，次の新たな個を作り，自らは死ぬということが可能になって，初めて個が出て来る。そしてその個は，死ぬことで，再び類という普遍に戻るのである。この普遍と個の行き来が，ヘーゲル論理学の骨子であり，それが，この生物の進化の過程によく表れているのである。

以下のようにまとめる。まず普遍は実在する。しかも個に先だって，実在する。その後に，普遍が分裂して，個になる。するとそこで，普遍が見えなくなるのだが，個が実は普遍を担っている。そのことが，個が死ぬことで見えて来る。

生物の進展は，この実在する普遍から，どのように個が出て来るか，また，その個がどのように進化するか。そして，どのように，そこから，普遍が見えて来るか。その機構が進化を説明する。

加藤尚武「ヘーゲルの個体論とゲーテの色彩論」は，この間のことを，概念論の第一章「概念」の第3節「個別」を読解しつつ，適切にまとめている。この箇所は，Suhrkamp版でわずか6頁に満たない分量なのだが，そこに，ヘーゲルの，普遍，特殊，個別観が詰まっている。

論点はまず，個体は普遍の変容であるということだ。つまり普遍が存在し，

それが特殊化し，さらに個別化する。個別の出現は，普遍の現れである。普遍から個別へ進展し，また，今度は個別から普遍へと進展する。そのことが確認されている。

加藤の表現では，これは次のようになる。まず，本質が化けて特殊になり，特殊が化けて個別になる。この化けるということがヘーゲル論理学の特質を良く表している。

次に，その新しい概念が出て来るというのは，自己の本来の姿を取り戻すことだと言う。概念は本来の純粋な形態に立ち返りつつ，進展する。

さらにその進展は，否定であるが，否定とは，その概念の持つ純粋さ，本来性を追求して，不純物をこそぎ落とすことである。そのことに拠って，概念の持つ否定性が顕在化する。

とすると，このようにまとめることができる。普遍の中に，最初から，特殊と個別が含まれている。普遍が持つ絶対的否定性として，特殊と個別が含まれているのである。それがその本来の姿を取り戻すべく，否定作用を通じて，変容する。これがヘーゲル論理学の進展の仕組みである。

そのことは，進化論の最新の研究で裏打ちできると思う。以下，この節を終えるにあたって，再度田中博の論点を参考にしたい。

田中は，生命の進化をまずは複雑系として捉える（田中 2002）。その後，実は同じ論理なのだが，それを，システム進化生物学として捉え直し（田中2007），最新の本では，進化システム生物学と言い直して，捉えて行く（田中 2015）。ここでは，2007 年の本から，いくつか確認したい。

まず，最初の単細胞である原核細胞生物は普遍であり，それが，真核細胞となって，これは特殊化したということができ，それがさらに多細胞生物になって，個となる。そこに創発＝階層的複雑化の階梯がある。このことはすでに述べて来たことである。

このことを田中は，「多細胞の生命は，構成要素がそもそもこれまでの生命そのものであったこと，集合であるにもかかわらず生命として単細胞生物と同じ全一性をもっていること」（p.144）という言い方をしている。

さらに，前の段階から次の段階に進展する際に，前の段階の構造を新しい

ものの中に入れ込むという形で,生物は進化する。これは入れ子構造と言うことができるだろう(p.32)。この入れ子構造は,ヘーゲル論理学そのものであると私は思う。つまり新しいカテゴリーは,前の段階のそれを,自己内にモメントとして含み持っている。ヘーゲル論理学のカテゴリーはそのように進展している。

またもうひとつ,その入れ子構造的な進展だけでなく,さらに進化するためには,今度はその,自己内に共生関係を持つ真核細胞を,複数並べてネットワークを作り,相互作用をさせて,役割分担をさせるということも必要である。それが多細胞生物である。ここに相互作用を通じての,複雑系の形成が見られる。これもヘーゲル論理学に見られるシステム論的な見方に他ならない。これがまさしく創発である。

これは自己関係の論理である。あるレベルでの矛盾が,そのレベルでは解決できず,上位のレベルが創発されることで,解決される。生命,多細胞生物(性),精神の出現の際に,その論理が見られる。その際に,自己関係の論理が現れるのである。

3-2 病の体系 『精神哲学』を読む

自然からどのように精神が出て来るのか。このテーマは,前著『他者の所有』でC.マラブーを論じたところ(5-2)で扱った。ふたつのことに注意すべきである。

ひとつは,『自然哲学』の最後から,『精神哲学』の最初に掛けて,病気や死,また性が扱われ,それが精神を導くという記述がある。これが前回のテーマであった。そして,もうひとつは,これが今回のテーマとなるのだが,『精神哲学』の最初の方に,夢遊病だとか,魔術的関係だとか,精神錯乱だとか,白痴,放心,たわごとだとか,あるいは鬱や胆汁質を含む気質の分析だとかがあるということである。なぜ,そんなことをヘーゲルは大まじめに扱うのか。それはそれこそが精神の本質だからに違いない。

『自然哲学』の最後の方には,精神の萌芽を論じ,『精神哲学』の最初のと

ころでは，自然性の名残を論じる。両者は議論として続いている。興味深いのは，この自然性の名残が，いつの間にか，精神独自のものになる。ここに病が出て来る。そしてこの病も，精神的な病になり，そしてそれこそが，精神が自然から完全に離脱していることの表れになっているということである。つまり，精神における自然性の名残とそこからの完全な離脱が重ねて論じられつつ，実は両者は同じものなのだと持って行くところが，ヘーゲルの論述の面白さである。自然から精神への連続と飛躍があり，この連続と飛躍とが同じであるという，つまり連続しつつ飛躍しているという，このダイナミズムを見て行きたい。

『自然哲学』の最後は，「類の過程」を扱っており，そこはさらに4つに分かれ，「類と種」「性関係」「個体の病気」「個体の死」となっている。何でも3つに分けるヘーゲルが，ここは4つに分類している。それをまずはどう考えるか。本当は，「類と種」「性関係」「個体の死」の3つで良かったのである。しかし，最後の「個体の死」を，死の可能性と死そのものとに分けたのだと考えられる。そして，この死そのものの前に置かれた，死の可能性，つまり病が，最も重要なのである。と言うのも，論理的には，性と死から，精神が出て来る。しかし動物にも性と死はあり，一方人間は，それを意識している。そこが重要である。では一体，どのようにそれを意識するのか。それを意識させるものこそが病である。病があり，死を意識し，またそれによって，性を伴う生を意識する。またとりわけ注意すべきものとして，病には心の病もあり，それこそがまさしく精神を産み出す。つまり心の病を媒介にして，精神が，性と死の意識として生じる。

すでに前著で書いているが，動物もまた，性交をし，新たな個体を生み，自らは滅する。かくして，類が無限に続いて行く。しかしそれをヘーゲルは悪無限と考えている。人間はそれを意識する。そしてその過程は，真無限になる。それが精神の出現である。動物とのその無限のあり方の違いは，それを意識するかしないかの違いだとされる。しかし，これはトートロジーである。人間には精神があるから，自らの生物としての過程を意識するのであっ

て，自らの過程を意識するから，精神が生まれる訳ではない。ではどのようにして精神は生まれるのか。それを解明するのが，病である。

『自然哲学』の最後のところ，すなわち371節から375節までの記述を拾って行く。

371節では，有機組織の体制または器官の一部が，自己自身の特殊な活動に固執して，全体の活動に敵対するということが論じられている。これが病気である。全体の活動が阻止されるのである。

その補遺では，病気の概念とは，有機組織の存在とその自己との不均衡であると言われる。また，存在するものとしての有機組織が，内的な，まったく実在的な側面から分離されるときであるとも言われる。病になると，内的なものの力が適合しない側面が増えるのである。

この長い補遺には，次のような記述もある。ヘーゲルは病気の種類を3段階に分ける。まずは損傷である。これは外部に起因して，有機組織の主体性が妨げられるのである。ここには，伝染病や疾病も含まれる。外的な自然によって，普遍的に引き起こされるものである。第2は，この外的な損傷によって引き起こされた結果，その特殊な組織，つまり，皮膚だとか，内臓だとかが混乱状態になることである。そして第3の病気が，「普遍的な主体から発するもの」で，「それは魂の病気であり，恐怖や心痛などに原因があって，そこからまた死に至ることがあり得る」のである。すでに，この『自然哲学』で，魂の病が扱われていることに注意すべきである。つまり，これは動物がすでに潜在的に持っているものだ。

「動物が普遍性に適合しないということが，動物の<u>根源的な病気</u>であり，生まれながらの<u>死の萌芽</u>である」（375節）。個別が特殊に留まって，普遍に至らない。かくして個体は自ら死ななければならない。死が病気という不適合を克服する。375節の補遺で，ヘーゲルは，有機組織はそもそもの初めから（von Haus aus）病気であるとも言っている。死がそれを解消する。それは必然的なのである。

性と死から精神が出て来ることは，すでに前著で展開している。今回は，

さらにそのことを強調し，先に書いた「精神における自然性の名残とそこからの完全な離脱が重ねて論じられつつ，実は両者は同じものなのだ」ということをあらためて確認し，かつそこから，精神の病こそが，ヘーゲルの注目するところだということを強調したい。

　繰り返し次のことを言うべきである。つまり動物も病になり，そして性と死を繰り返す。その動物の記述の最後の段階で，動物もまた，魂の病に掛かることが確認される。わずか，2行ほどの，魂の病についての記述が，『自然哲学』と『精神哲学』の橋渡しをする。『精神哲学』も魂の記述から始まり，その魂は，また病むのである。病が魂の本質だ。

　動物もまた人間も，魂の病を持つのだが，それこそが，魂を精神へと高める。つまり潜在的な精神を，より高次の精神にするのは，精神の病なのである。

　ここから本論に入り，『精神哲学』を読解する。精神は本来的に病にあるということをここでも書きたいと思っている。つまり，結論を先に言えば，人が精神性を持つ限り，誰もが皆，その精神を病んでいるのである。

　『精神哲学』は次のようになっている。

　第一篇　　　主観的精神
　　第1章　　人間学　魂
　　第2章　　精神現象学
　　第3章　　心理学
　第二篇　　　客観的精神＝法哲学
　第三篇　　　絶対的精神（芸術，宗教，哲学）

　ここで扱うのは，第一篇「主観的精神」の最初，第1章「人間学　魂」である。精神は誕生したばかりであり，それを魂（Seele）と言う。魂はまだ，即自的な精神である[9]。

魂はここでは身体と同じく，物である。魂はまだ物であって，身体と区別されないと言っても良い。
　この「<u>魂において，意識が目覚める</u>」（11 節）のである[10]。そして，この魂がどのように物としてのあり方を超えて，主体的な精神となるのか。その過程を叙述して行くのだが，そこのところで，ヘーゲルはしばしば病に言及する。精神はしばしば病気になる。私と世界と，その間にある身体と，それらの関係は，しばしば変調をきたすのである。本節は，この精神の病に着目して，そこにヘーゲルの主張のある特徴が見られることを説明して行く。
　19 節は，気質の分析である。気質へのこだわりは，これが魂の持つ性質にほかならず，つまり魂の自然性と精神性とを結ぶもので，しかも，これが病に繋がるためである。すでにアリストテレスが論じている，4 つの気質が取り挙げられる。すなわち胆汁質，多血質，粘液質，憂鬱質である。私は本書の 1-4 で，アガンベンの鬱論に触れつつ引用している。これは，ヘーゲルによれば，カントが『人間学』で詳細に論じているものであるとして，『精神哲学』の第一章「人間学　魂」が，カントに由来することがほのめかされている。つまり，カントはその『人間学』の中で，狂気についての詳細な記述を残している。また若き日のカントには，「脳病試論」という著作があり，そこでも系統的な狂気についての記述を残している[11]。ヘーゲルがそれらに触発されたのは間違いなく，カントの関心を積極的に自らの体系の中心に取り込むところに，カント受容を経た，ヘーゲルの独自性がある。
　またここは『自然哲学』と同じく，ヘーゲルが当時の最新の知見を活用して論じたものである。
　続いて，22 節でヘーゲルは，睡眠についても，長い記述をしている。睡眠は，病ではないが，意識ではなく，無意識の世界であるという点で，病と同列に扱って良いし，ヘーゲルもそのつもりで，様々な病についての記述に混ぜて，睡眠を論じている。
　「<u>睡眠とは，魂が自己の区別を持たない統一性に沈潜してしまっている状態である</u>」（22 節補遺）。「自己の真実態においては，純粋活動として捉えられるべき精神が，それ自身において，睡眠と覚醒の状態を持っているという

ことは，精神は魂であり，また魂として自己が，自然的，直接的，受動的なものの形式に引き下げられたということに由来する」(同)。睡眠は，従って，魂が精神になるための必然的な過程に位置付けられているし，またここでは逆に，精神から引き下げられて，魂の状態に留まっているときに起こるものと言われている。

　『精神哲学』の最初は，魂の説明であるが，これが終わると，精神は個体性を獲得し，感覚の能力を持つとされる。感覚とは「精神がまだ意識も悟性も持たない自分の個体性の中で行うおぼろげな営為の形態である」(24節)と規定される。この感覚する魂は，「潜在的には感覚作用の反省された全体性」であり，魂は自らこの全体性を自己自身の中で感覚する。これをヘーゲルは，「感ずる魂」と表す (26節)。つまり，感覚する個体的な魂の段階に達したのである。この魂が，さらに，自己の内面性を獲得するようになるには，その前の段階として，次の3段階が必要である。第一は，夢と予感の段階で，ここで魂は，「自己の客観性との直接的なかつ区別を持たない統一の中に存在する」。第二は，精神錯乱で，ここでは魂が自己と分裂している。そして必ずその段階を経て，第三番目として，魂は自己の自然的個体性を支配するようになる (26節補遺)。そうすると魂は意識になる。この魂の進展に，精神錯乱の段階が不可避である。

　ここで，節の整理をしておく。「人間学　魂」の第一章「自然的魂」の最後の節が，26節である。この26節で，「感覚する個体的魂」という概念が出て来て，これが，「自然的魂」の次の章「感ずる魂」に繋がる。以下，この「感ずる魂」の章にある各節を順に見て行く。

27節，28節　感覚的魂全般の説明
29節　　α　感ずる魂
　　　　　αα　魔術的関係　1.夢見，2.母体の中の子ども，3.守護神
30節　　ββ　夢遊病
31節　　β　自己感情

|　　　　　　α α　自己感情
| 32 節　　β β　精神錯乱　1.白痴，放心，たわごと，2.愚行，3.狂行または狂気
| 33 節　　γ　習慣

　これらを順に見て行く。
　29 節では，この第一段階が，魔術的関係と言われ，これがテーマとなる。このあたり，ヘーゲルが精神分析学を先取りしていると言っても良いくらい，興味深い記述が盛りだくさんにある。
　先の 26 節で，「感覚する個体的魂」が説明され，この魂を，病において考察すべきだと言われている。その第一段階の魔術的関係においては，第二段階の精神錯乱とは違って，内的な魂と，外的なもの，つまり他者一般との関係が，矛盾としてあるのではなく，媒介を欠いて，後者が圧倒する力として，前者に襲い掛かっている。長い補遺に曰く，「魔術は，精神が他のある精神に対して，直接に働き掛けることの中に存立している」のである。
　それは次の三段階を持つ。1.夢見，2.母体の中の子ども，3.守護神である。それをひとつひとつ見て行く。
　1.夢見とは，先の覚醒と対になった睡眠と同じく，「魂の全体的な個体的本性に関する，深くかつ強力な感情，すなわち魂の過去と現在と未来との全範囲に関する，深くかつ強力な感情を抱く」状態である。
　2.母体の中の子どもは，これは明らかなように，母親の中においてのみ，やっと現実的になっている個体であり，「他の個体に対する同様に単純で直接的関係」がここにはある。この母子関係には，魔術的なものが明示されていると，ヘーゲルは考える。
　3.守護神は，「その下で，人間のあらゆる状態及び関係における，自分の行動及び運命に関しての決定を下す」と言われるものである。それは，私の外にあって，私を制約するものであると同時に，それは私の中にあるものでもある。ヘーゲルは，「覚醒した悟性的意識でさえ，極めて強力な仕方で，自分の守護神によって規定される」とも言う。先の夢見という単純な自己関

係と，母体の中の子どもという，媒介を経ない自他関係との統一が，この守護神である（以上，29節補遺）。

　魂はまだ，感覚によって充実する個体の段階にいる。それをヘーゲルは，「精神のこの段階は，それ自身精神の闇の段階である」と言う。まだ意識的なものではないからである。そして，「精神のより真実な形態，つまりより下位の，またより抽象的な形態において，実存するときは，病気という不適合性を含んでいる」。この段階では，魂の抽象的な諸形式は，精神のもろもろの病気の状態として考察されるべきだと言われている（28節注）。

　さてこの段階で，もっとはっきりと，「感情生活は，自覚した・発達した・正気の人間の形式や状態としては病気である」（30節）と言われる。それは，「磁気的夢遊病」である。

　「磁気的」と言うのは，ヘーゲルが好んで使う用語である。まず凝集状態があって，個体が生成するが，その個体の統合性を維持するためには，個体には磁気が必要だとされる（『自然哲学』295節）。個体が個体として存在する原理が磁気である。

　このあたり，磁気と言い，魔術と言い，魔法，夢見，守護神，夢遊病，狂熱と，延々とこういう言葉が出て来る。ヘーゲルが如何にこうした概念に憑りつかれていたかを示している。また，30節の補遺では，病気の定義が出て来る。これは何度か繰り返される。「魂の生活においても，有機体における単なる魂的なものが，精神的な意識の力から独立して，精神的意識の機能を僭称するとき，病気が生じる」。また逆に，精神が魂にまで自らを下げて，その機能を放棄するときもまた，病気が生じるとも言う。

　32節でも再び，病気の定義がある。「主観が自分の特殊性に固執していて，この特殊性を観念にまで加工し，それを克服できないという病気に掛かることがある」。また主観は，組織化されたその主観の全体性と，この全体性の中で流動性を失って，配属も従属もされない特殊な規定性との間の矛盾の中にある時，これを精神錯乱と言う。あるいは，精神の中で固定している有限性を精神錯乱とも言う。

32節の補遺には，精神錯乱と夢遊病についての長い説明がある。磁気的状態から，夢遊病は主客分離して，精神錯乱に必然的に移行するのである。

また三度（みたび），ここでは精神錯乱の定義が与えられる。すなわち，「自らは純粋に<u>形式的な，空虚な，抽象的な主観性</u>なのに，その<u>一面性</u>にもかかわらず，<u>主観的なものと客観的なものとの真実の統一</u>という意味を僭称する」ことである。

ここで異常と言っても良いくらいに長い説明がある。すなわち，精神錯乱という分離の3形態が論じられる。すなわち，1.白痴，放心，たわごと，2.愚行，3.恐行または狂気である。第1のものは，無規定的な自己内沈潜だとされる。第2のものは，規定された内容を獲得している。虚栄，高慢，厭世もまたこのカテゴリーに入る。第3のものは，「精神病者自身が自分の端に主観的な表象と客観性との間の矛盾を生き生きと感じ，そしてそれにもかかわらず，自分の単に主観的な表象から離れることができず，この表象を徹底的に現実的なものにすることを望むか，または現実的なものを否定することを望むかという現象を持っている」とされている。

ここで私は，ラカンの図式（本書第2章を見よ）を出して比較したいという気持ちにさせられるのであるが，これはのちの課題としたい。

さて，そこからどう自己形成をして行くのか。いよいよ33節と34節の「習慣」に入る。

魂は，『精神哲学』の13節において，身体の単なる実体（Substanz）に過ぎないと定義されていたが，ここでは魂は，身体の観念的で主観的な実体として存在すると言われる。魂が自分の身体性の中に持っているこの抽象的な独立性は，まだ自我ではなく，身体性の主観的実体であり，この身体性を止揚されたものとして，自分の中に持っている（自我＝精神である）。

それがこの習慣において，身体は魂の存在として自己を鋳造する。身体性は，主観的目的に服従させられる。33節と34節で説明される，この習慣が，魂が精神の段階に向かう際の決定的に重要な要因となる。

習慣とは何か。まずそれは，「自己感情の機械的関係」であり（34節注），「第

二の自然」（同）である。それは感情諸規定が身体の中で反復されて，修練となって産出されるものである。それは「第二の自然」と言われる限りで自然に属する。しかし魂は，その内的なものが，身体に形成された習慣を通じて，精神に飛躍する。

　池松辰男は，この原理を天上的なものが身体に受肉すると考えてはならないと言う。むしろ話は逆であって，自然存在としての身体が，そしてその身体に没入している魂が，如何にして精神の原理を獲得するかという話なのである。ポイントは身体にある。身体は，私と他者を結び付けるもので，物としての魂が，物としての身体を通じて，物としてのあり方を克服する。それは，魂が身体を通じて，自己にとっても他者にとっても知られ得るものへと変化した。つまり，私が私であることが，他者によって，そして私の身体において承認されるという，その機構を通じて，現実的になるのである（池松 2013a）。池松は，この論文で，このように，身体の重要性をまとめている。

　また，同じテーマを扱った別の論文では（池松 2013b），精神性の目覚めにおける，身体と言語の役割を探っているが，その最後に狂気の問題を取り挙げ，ヘーゲルを，精神病理の問題に，その体系成立にとっての積極的な役割を認めた数少ない哲学者のひとりとしている。私はそれに同意し，かつ，そのことをさらに問い詰めてみたいと思うのである。

　第一に，もちろん，ヘーゲルだから，当然のことなのだが，精神の病は，精神の低い段階のことを言っている。しかし，必ず，そこを通らないとならない段階なのである。つまり，自然から精神が出現した時に，必ずここを通るのである。病は必然的なものである。

　第二に，その克服は習慣の形成である。すると本質的に，その習慣において，何が変わったのだろうかという問題が出て来るだろう。本当に，病は克服されるのだろうか。人は常に病にあるのではないだろうか。病にいる時と，それが克服されたときと，一体何が異なるのだろうか。そういう問題が出て来る。

根本に魂の病がある。魂の目標は，魂において，意識が目覚めることである（11節）。ではどうやって魂は目覚めるのか。それは習慣を形成することによってである。魂はまだ，自然としての身体の中に没入している。その身体が習慣を形成する。習慣とは，「魂の直接的存在」であり，「第二の自然」である（11節注）。それは「第二」ではあっても，まだ「自然」である。それがどのように，その自然性から脱するのか。それは他者によって承認され，主体化することによってである。「(習慣を形成し得た) 魂は，自分のこの自由な形態において，自分を感じ，かつ他人に自分を感じさせる」（35節）。さらに身体は，習慣を経て，たくさんの自由を与えられる。そして身体に精神的刻印を与える。特にそれは顔に現れる（11節補遺）。顔こそ他者と付き合い，他者からその主体として承認されるものである。
　他者によって承認され，主体化するというのは，ヘーゲル哲学の根本であり，それはもちろん，『精神現象学』での主題であり，それがここでも見られるのである。しかし私が問題にするのは，それ以前の，もっと根本であって，まず病があり，それが身体に習慣を形成させる，そのプロセスである。病は身体に，感情諸規定を反復させ，その反復は，行動のパターンを形成する。それが習慣の形成の仕組みである（34節）。そういう段階を経て，他者が要請され，その他者に承認されて，主体化が起きる。

　すでに論じたように動物の悪無限と人間の真無限は，何ら変わらないと言うべきである。それを意識するかしないかは，要するに精神があるかないかであって，それが悪無限と真無限の差異だというのは，事実その通りかもしれないが，しかし，論理的にはおかしい。何度も言うように，議論が循環している。論理的には，そこに何の進展もないと言うべきである。
　また『精神哲学』において常に病が出て来るのは，『精神現象学』で何度も無限判断が出て来るのと同じことなのではないだろうか。強引に主体と客体とを結び付けたのが，無限判断であった。ここでも，普遍と個別が分離しているのが病で，その普遍と個別は，無限判断論的に強引に結び付けられるのである。

まず個体は消滅を予感し，死の恐怖を持つ。そのことを病気が促す。この病気を飛躍点として，自然性を克服する。そう言われる。しかしこの個別の普遍への飛躍は単に個別が自己を越えようとする反復運動に過ぎないのではないか。

精神の病をヘーゲルは体系の内部に位置付けている。精神が，感覚，自己感情，習慣，意識と進展して行く際に，病は常に現れる。
　その病の定義が，何度も何度も出て来る。それは，低い段階にあるのに，高次の段階であることを僭称するということで，とりわけそれは，特殊に過ぎないのに，普遍を名乗るということである。肉体的な病は，身体の中に複数の流動体が存在していて，それはその全体の中に位置付けられているはずなのに，その一部が孤立して，自らが独立した存在だと自称することである。そこで全体のバランスが崩れる（加藤2013aを参照した）。これが魂の病だと，それは，個別がまだ普遍に至らず，特殊な段階にいるのに，自らを普遍だと思うことである。しかし自らを普遍だと見做すということは，そもそも普遍を求めているということであり，普遍を必要としているということである。先に書いたように，普遍が特殊化し，個別になることが，生物の進化であり，『自然哲学』の課題であった。ここでは逆の道筋をたどり，そのようにして成立した個体が，特殊を経て，精神という普遍に至る道筋を，ここ『精神哲学』の最初の箇所で扱うことになる。個別は，普遍＝全体の中に位置付けられている特殊な存在なのに，自らを普遍だと思う。しかし思うだけなら，それは病であるが，しかし実は，この自らを普遍だと思うこと自体は，同時に観念化である。つまり，この自己認識が観念化であり，精神の出現である。すると魂の病はそれ自体がすでに精神の出現なのである。
　自然から病が飛躍点となって，精神が出現するという，その機構をもう少し詳しく見て行くと，自然から身体の病が出て来て，それは魂の病に移行し，その魂の病こそが精神の出現であるということになる。

精神は最初から病にある。それは誰もが病んでいると表現しても良いし，

病むことが精神を生じさせたのだと言っても良いし、あるいは、精神とは病であると言っても良い。先に挙げた『自然哲学』にあるさりげない一言が、ヘーゲル哲学を簡潔に表している。「有機組織は、そもそもの初めから病気である」(375節補遺)。だから死が必然的にやって来て、それを自覚することこそが、精神の出現であると言われるのだが、そもそも生物が病にあり、さらにそのようにして出て来た精神も最初は病であり、つまりそれは魂の病であり、そこから精神へと進展していくのである。そしてその進展が、実は進展ではなく、本書の主題である、無限判断論的な飛躍と反復なのだとしたら、精神は最初から、そしていつまでも病なのである [12]。

すでに何度か、ヘーゲルの論法は循環論法ではないのかという疑念を提出して来た。それは通常、ヘーゲルに対する批判として言われることなのだが、しかし私は、そこにヘーゲルの意義があると考える。動物は死を自覚すると精神になり、つまり精神を持った人間になる。しかし死を自覚できるのは、精神を持った人間だけであり、つまり人間が精神を持ったから、死を自覚できるのである。話はぐるぐると回って行くが、しかし動物と人間、自然と精神の間には、歴然とした飛躍がある。そこに魂の病という観点を入れると、話が精緻になるが、しかし基本的には、議論の立て方に変わりはない。

もうひとつ考えるべきは、事後性の問題であり、というのは、私たちはすでに精神を持っているのである。つまり、精神はすでに出現している。すでに出現している精神の立場から、もう一度、自らの由来を問い質すということが、ここで行われていて、そうすると、精神がすでにあるということを前提に、それがどの様に出現するか、その必然性を問うということになる。当然、精神は存在しているのである。そのことからしか、精神の出現は論じられない。現にあるのだから、必然的なのである。その必然性を前提に、その出現の必然性を問うのである。

3-3　カント戦争論 vs. ヘーゲル平和論　『法哲学』を読む

以下の『法哲学』の目次を見るとすぐに分かるのは、ヘーゲルが「所有」

からこの議論を始めて，最後は「世界史」で終えていることである。つまり所有から，その所有物を，交換・譲渡・売買することに話を繋げ，そこから社会的諸関係を導出し，それが様々に展開され，国家を経て，その国家の論理を超えるところまで論じているのである。そのことを最初に確認しておく。

これは，すでに『所有論』で書いたことだが，カントもこの辺りの論理構成は同じで，彼は『法論』（『人倫の形而上学』の第一部「法論の形而上学的定礎」）を所有論から始め，その後に，『平和論』（『永遠平和のために』）を書いた。それがカント社会理論の最終的な結論であったと私は考えている。『所有論』1-3-2「カント論 『平和論』の所有論」，3-3-2「リベラルな民主主義は戦争を防ぐか」，2-3-3「普遍と個別」，及び『知的所有論』6章「特殊と普遍を巡る議論」で論じたことである。以下にもう一度，極々簡潔に書いておく。

『法哲学』の目次を挙げておく。
第一部　　　法
　　第一章　所有
　　　　　　A 占有取得
　　　　　　B 物件の使用
　　　　　　C 所有の放棄
　　第二章　契約
　　第三章　不法

第二部　　　道徳

第三部　　　人倫
　　第一章　家族
　　第二章　市民社会
　　第三章　国家
　　　　　　A 国内公法（Ⅰ国内体制，Ⅱ対外主権）

B 国際公法
　C 世界史

　第二に，これも上述の拙論で書いたことだが，カントは平和論を提唱し，それをヘーゲルは批判して，戦争の必然性を主張したという世間の理解は訂正されねばならない。カントは平和論の前提として，戦争の必然性を論証していて，そこにカント『平和論』の意義があると私は考える。またヘーゲルは，確かに戦争の必然性を論じたが，しかし，そこから平和に至る可能性に，明示的にではないが，触れている。そこのところは，もう一度きちんと議論したいと思う。
　そして第三に，ヘーゲルが国家はそもそも戦争をするものだと結論付けたときに，その国家は実体であり，また普遍であるために，諸個人に対して，国家のために死ぬことを要求できるとしているが，しかし戦争は国家と国家の間の衝突で，戦争をする国家は，世界史という普遍の前で，実は特殊なものに過ぎない。人は国家を超えて，世界史の中に生きることも可能で，世界史こそが本当の普遍である。とすると，3-2で論じたように，特殊に過ぎないのに，普遍を僭称することこそ病であり，つまり戦争をする国家は病にある。しかしその病は必然的であるし，それは特殊として，それ相応の意義を持つ。と同時に，やはり病は病であって，治療が試みられねばならないのである。

　ヘーゲル『法哲学』には，カント『平和論』への批判があり，それは，次の２点である。まず，①戦争において，諸個人の所有と生命を国家のために差し出すことが要求され，そのことが戦争の倫理的契機として肯定されており，さらには，積極的に，その倫理を活性化させることが，戦争の意義として考えられている。しかし，それに対して，カントの主張する永久平和では，諸個人を腐敗させてしまう（324節注）。②国家を超える上位の機関はなく，つまり法務官は存在せず，国家連合が戦争を仲裁することはあり得ない（333節注）。

3 ヘーゲルを繰り返す

　これは,『法哲学』をその記述に即して読んで行くと, その限りでは, 妥当な主張に思える。つまり, ヘーゲルの国家は実体だからだ。この実体は,「一切の個別的なものと特殊的なものに対する, また生命と所有とその権利の, 及びその他の様々な集団に対する絶対的な力として, これらが空であることを, 定在と意識との両方にもたらす面である」(323節)。「個人の所有や生命までをも, 危険にさらし, 犠牲に供することによって, ……この実体的個体性, つまり国家の独立と主権を維持するという義務である」(324節)。
　ヘーゲルの国家観が以上のようなものであれば, 戦争は, 諸個人に, まさに, 国家の意義を認識させる重要な事態であって, 永遠平和はあり得ないだけでなく, 倫理的にも諸個人を堕落させるものとして, 拒否される。また, 国家が実体ならば, それを超える上位のものがないというのは, 当然のこととなる。

　しかし,『平和論』をていねいに分析すると, ヘーゲルはカントを誤読しているということが分かる。つまり, カントは, 第一補説において, 戦争の必然性を認識し, それが諸国家を発達させることを論じているのである。
　具体的に書く。ここでは,「偉大な技巧家である自然」が主役である。
　まず, ①自然は, 人間のために地球上のあらゆる地域で人間がそこで生活できるように配慮する。さらに, ②戦争によって, 人間をあらゆる場所に, 極めて住みにくい地方まで駆り立て, そこに人間を住まわせる。③戦争によって, 人間を多かれ少なかれ, 法的関係に立ち入らせる。④戦争は, 人に国家を作らせ, 国力を増すために, 共和的体制を取らせる。⑤諸国家は競争を激化させる。⑥経済競争が戦争を防ぐ。
　以上の順に展開される。
　さらに, 次のことも見ておきたい。第一補説において, 上記の内容に続いて, 以下のような記述がある。自然は人間の「利己的な傾向を用いて」以上のことを実行するのである。つまり,「人間は, 道徳的に良い人間になるよう強制されている訳ではないが, 良い市民になるようには強制されている」。「問題とされているのは, 人間の道徳的改善ではなく, 単に自然の機構であ

163

る」。我々が意志しようとしなかろうと，自然みずからそれを成すとカントは考える。

　もちろん，カント以降，現代に至るまで，経済競争が戦争を引き起こしているという，根本的なことにここでは触れない。ただ，ヘーゲルが悪意ある誤読をして，カントの平和論を，競争のない，人を腐敗させるものだと批判しているのだが，それは，まったく成り立たないということを指摘しておく。平和は，「極めて生き生きとした競争による力の均衡によってもたらされ，確保される」。商業精神という競争が，戦争を防ぐ。

　また，第二章では，3つの確定条項が，戦争を防ぐのであるが，それもきちんと説明しておく必要があるだろう。すなわち，平和への確定条項として，第一に諸国家が共和的な体制を取ること，第二に，諸国家の連合制度に基礎を置くこと，第三に訪問の権利を持つことが明記されている。これらをそれぞれ，引用して，確認する。

　まず，諸国家が共和的だと，どうなるかと言えば，「戦争をすべきかどうかを決定するために，国民の賛同が必要となる場合，国民は，戦争のあらゆる苦難を自分自身に背負い込むのを覚悟しなければならない」のである。するとポイントは，共和制という体制が直ちに戦争を防ぐのではなく，まずは戦争をしにくくするのである。これだけの条件で，戦争が防げる訳ではない。

　その上で，諸国家の連合が必要となる。これは，「ひとつの世界共和国という積極的理念ではなく，戦争を防止し，持続しながら拡大する連合という消極的な代替物のみが，法を嫌う好戦的な傾向の流れを阻止できる」からである。また，すぐに続けて，「もっともこうした傾向は，絶えず勃発する危険をはらんでいる」とあり，私の言葉では，この国際連合は，ネットワークとしての連合に過ぎないと考えるべきである。そしてその仕事は，戦争を防ぐことに限定されていて，積極的理念は持ってはいけないのである。ここが重要である。どうしてもその連合体に理念を持たせれば，その理念に合うか合わないかという対立が，またどの国が中心的な役割を担うとかいう争いが生じる。連合体は，高々ネットワークに過ぎない。しかもそれは安定したものではなく，カオスの隣で，動的均衡の中で，辛うじて成り立つものに過

ぎない。「あたかもそのために恒久的な連合が結ばれているかのように，調停によって，戦争を防止するように強いられる」。国際連合は恒久的な連合ではないとカントは明記している。

最後は，このようになっている。諸国家間に，訪問権，友好権があれば，シンパシーを人々は感じることができ，これがネットワークを作る上での基礎となるのである。これが第三の確定条項である。

戦争が国家と諸個人を育てる。戦争は必然的であるし，国家と諸個人を育てるために，不可欠なものと考えられていて，その限りで，カントとヘーゲルは変わらない。そして，その戦争を通じてしか，平和には至らないのである。

この戦争の不可避性については，『判断力批判』でも展開されている。戦争は，恐ろしいほどの苦難を人にもたらすし，また，戦争の準備は，平時において，著しい困難を人に与えるのだが，「しかしそれにもかかわらず，文化に役立つあらゆる才能を最高度に発達させる原動力となる」(付録83章「目的論的体系としての自然の最終の目的について」)とされており，カントの目的論の基調となっていると私は考える。

しかも，戦争を肯定した上で，さらに文化と経済の生き生きとした競争もまた，人間には必要であると論を展開し，そしてこれこそが，戦争ではなく，平和を要求すると結論付ける。これがカントの論法である。これは極めて功利主義的なものだということができる。

すると，世界平和が人を腐敗させるというヘーゲルの批判は，まったくカントの平和論には当てはまらないということになる。戦争を通じての競争が，人を発展させ，さらに競争を激化させるために，戦争ではなく，平和な世界の中で，商業精神を発揮させようというのだからである。

とすれば，カントはただ単に，平和論を展開しただけでなく，ヘーゲルのような批判が来ることを予想して，予め防御していたのだと，私には思えるのである。

また，その戦争を防ぐのは，世界国家ではないということも，カントは明

165

言していて，ここも，国家を超える上位の機関が，強制力を持って，国家を抑制するというのではなく，諸国家が共和的になって，その上で，ネットワークを作るのだと，これも誤解の余地がないように，カントは書いている。ヘーゲルの批判を予め想定して，再批判を準備していたと思うのである。

　また，カント平和論の具体策が「消極的に過ぎない」ことを，私はここで高く評価したいのだが，しかし今までのカントを論じる場合，多くはそれを時代の限界にしている。つまりヨーロッパは20世紀に入って，ついにEUを創設し得たが，カントはそこまでの組織ができるとは考えられず，やむを得ず，消極的な連合体を構想したのだとする論が多い。しかしそこに注意をすべきで，実は，カントの論法は，消極的だから良いと考えるべきなのである。つまり繰り返すが，国家を超える制度を創ろうという話ではない。世界共和国を打ち出す議論では，新たな世界帝国を創ろうということになってしまう。そうではなく，国家のネットワークで良い。それこそが，戦争を防ぐ。

　すると，ヘーゲルはカントをまったく誤読していることになるが，しかしそれは，ヘーゲルが，「国家」の段階で，カントを扱っているために生じたものなのである。つまり，国家は実体だと言っておきながら，しかし国家はいくつもあり，だからこそ戦争をするのだが，本当は，いくつもあるものは，実体ではない[13]。そしてその，いくつもある，実体ではないのに，自ら実体だと思い込む諸国家が，国民を動員して，戦争をする。その論理を，国家のレベルで考えるから，上述のようなことになる。

　ヘーゲル自身は，「国家」のさらに上のカテゴリーとして，「世界史」を考えている。「a. 国家は，……個体的国家である。b. 国家の理念は，個々の国家と他の諸国家との関係に移る。これが国際法である。c. 国家という理念は，個体的諸国家に対する類，及び絶対的な力としての普遍的な理念であり，世界史の進行の中でおのれの現実性を現わす精神である」（259節）。

　するとこの「世界精神」こそが，実体であり，普遍である。

　しかし，残念ながら，その「世界史」の記述は短く，不十分である。そこを私たちが，カントを使って，補うことができるのではないだろうか。

つまり,「国家」の段階では,戦争は必然的である。それが国家及び,その中の諸個人を発達させる。しかしその上で,十分成長した国家及び諸個人が,生き生きとした経済と文化の競争をしつつ,「世界史」というカテゴリーに入って行くのである。そこでは,その競争を確保すべく,諸国家のネットワークができていて,それは,あくまでも,諸国家間の競争を促す「消極的な代替物」に過ぎない。このようにヘーゲルを読むことは,可能である。つまり,国家は,さしあたって,諸個人に対しては実体として,その戦争の際には,生命と財産を犠牲にすることを要求するが,さらに諸個人が成長すると,またさらに成長させるためには,戦争ではなく,経済と文化の競争が要求される。そうなると,国家はもはや実体ではなく,国際法の中で,国家と国家は特殊な関係を持ち,それは世界史という普遍の中で調停される。そのようにヘーゲルを読む。

　ヘーゲルは先に,国家を超える法務官,つまり国家間の争いを仲裁する法務官はいないと言っていたが,しかし,「諸国家の上に立つ法務官は,即自かつ対自的に存在する普遍的精神,すなわち世界精神だけである」(339節補遺)とも言っている。それは諸国家を仲裁する力はないが,しかし諸国家の上に位置し,諸国家,及び諸国家の相互関係に影響を与えることはできるはずだ。また,「世界史が審判である」(341節)とも言っている。

　「精神の歴史は,精神の<u>所行</u>である」(343節)と言っておいて,それを受け,「諸国家,諸民族,諸個人は,世界精神のこの仕事において,それぞれ<u>特殊な一定の原理</u>の内に現れ,その原理は,それらの<u>体制</u>とそれらの<u>状態</u>の<u>全範囲</u>において,展開され,かつ現実化している。それらはこの展開と現実を意識し,それらはこの現実の利益に没頭するが,同時に,この世界精神の内的な仕事の無意識の道具であり,分肢である。それらの諸形態は,その仕事の中で,消滅して行くが,それに対して,即自かつ対自的な精神は,次の高次の段階への移行を準備し,成し遂げる」(344節)。「歴史とは,精神の形成過程であり,それは出来事の直接的自然的な現実性の形式を取り,歴史発展の諸段階は,<u>直接的自然的原理</u>として現れる」(346節)。これこそが目的論である。自然の目的とカントが呼んだものである。

しかしこれで，有効な平和論を提出し得たであろうか。ヘーゲル以降，残念ながら，ヘーゲルの論理を平和論として解釈するものは存在せず，専らカント平和論だけが，平和論の基本的な論点を提出しているかのように考えられている。以下の章では，そのカントの影響を受けた平和論が検討される。

　まず，もう一度，世界政府を作ることによって，平和に至るという考えを検討してみる。これも以前論じているが，簡単にまとめておく[14]。
　もし世界政府ができれば，確かに世界平和が訪れるだろうが，一国が強大化して，帝国としての世界政府を作るという考えが望ましくないことは，すでにカントが言っていて，そのことは論者の間の共通の了解事項になっている。では，どうすれば，世界政府ができるのか。
　例えば，J. トービンは，国家を超えて，投機的な通貨の取引をする際，トービン税と呼ばれる税を課そうという提案をし，その税収を，世界政府の財源にしようと，のちのトービン主義者は考えた。しかし，ある一国が，トービン税を課そうとすれば，企業は税の掛からない国に逃げてしまうだろうから，どの国も一斉に課税を始めなければならない。とすれば，諸国家に強制力を働かせる世界政府が先にできなければ，トービン税を課すことはできず，しかし，トービン税がなければ，財源がないから，世界政府はできないということになる。ここで循環論法に陥ることになる（Tobin）。
　そうすると，ここで，いきなり世界政府ができる訳はなく，それでカントによれば，まずは，世界の国々が「共和的」になり，互いに信頼し合うことが，最初の要件として必要だということになる。
　このカントの考えを受け，M. ドイルと B. ラセットは，リベラルな民主主義国家が，戦争を引き起こさないという訳ではないが，そういう国家ならば，戦争を起こしにくくなるという『平和論』の考え方から，互いにリベラルな民主主義国家同士では，戦争を起こさないという仮説を立てた。そしてこのことを，過去150年間のデータに基づいて，実証した。またその理由として，リベラルな民主主義国家同士においては，国民が，相手国に対して，信頼を寄せているので，戦争が起こらないのだという説明をした。つまり，制度の

問題であるよりも、規範が作用して、戦争を防ぐことができるのである (Doyle, Russett)。

すると、カントの言うように、世界の国々がリベラル民主主義になり、その国々が、ネットワークとしての世界政府を作ったら、世界平和は訪れるだろう。カントは、リベラル民主主義という言葉ではなく、「共和的」という言葉を使ったが、それは、立法権が優位で、人民主権が成立している国家のことを指しているから、それを、リベラルな民主主義と言い換えても、差し支えないと思う[15]。

しかしそれは可能か。つまり、世界の国々が一気に、リベラルな民主国家になるのだろうか。

つまり、世界のすべての国が、リベラル民主主義になったら、世界平和が訪れるというのは、多分正しい。しかし、どうしたらそうなるのか。その点について、E. トッドは次のように言っている。アメリカは、民主主義を広げようとして、アフガニスタンやイラクに爆弾を落としたが、それらの国々が一向に民主化しないどころか(そのことが、今のイスラム国のテロに繋がっていないか)、アメリカの民主主義は確実に劣化している。戦争は国民の権利を侵害する。戦争は民主主義を妨げる。民主主義のお手本を自認するアメリカの民主主義が、今や危機に瀕している (Todd)。

つまり世界の国々が民主化しなければ世界平和は来ないのだが、しかし、世界平和がなければ、世界の国々の民主化は進展しないのである。ここでも、私たちは、循環論法に陥ることになる。

ここで、J. ロールズは、そのことについて、もっと現実的に考えた。晩年の『万民の法』においては、まずは世界を5つに分けるのである。それはまず、リベラルな社会があり、次いで、リベラルではないが、良識ある (decent) 社会が来る。さらにその他に、無法国家、不利な条件の重荷に苦しむ社会、仁愛的絶対主義を取る社会（構成員の政治参加が認められていない社会）を考える。そしてリベラルな社会だけで世界秩序を保とうとするのではなく、良識ある社会にいる人々が受け入れてくれそうな「万民の法」の原理を作るのである。

ここでは，リベラルな社会だけでネットワークを作るのでは限界があり，良識のある社会の人々を引き込み，それによって，無法な社会など，すぐにはネットワークに加えることが困難な社会の人々を囲い込む戦略が示唆されている。これは，大分現実的だが，しかし，なお，世界の多くの社会が，リベラルな社会か，少なくとも，良識のある社会になることを要求していて，それが可能なのかという疑問は残る（Rawls, 第2部第8章）。
　しかし，民主化して，その上でネットワークを作るというカント主義を受けて，十分民主化していなくても，ある程度それができた段階で，ネットワークを作り，そのことによってまた，民主化を促して行くという考え方をここで採りたい。カントにおいて，共和制と国際連合というふたつの考えがあり（第三の訪問権，友好権の考え方をネットワークとしての国際連合の中に入れ込んでおく），そのどちらを先に作るかという話が今までなされていたが，両方を同時に作りつつ，両者を相互作用させて，次第に両者の質を高めて行き，そのことによって，戦争を防ぐ可能性を示唆するというのは，かなりの程度，ヘーゲル的なのではないか。そのことを以下に見て行きたい。

　ヘーゲルは，「国際法」の説明の中で，国家を，国家相互の関係においては，特殊なものとして存在していることを指摘し（340節），その後に続く，「世界史」の短い記述の中で，世界精神を普遍とし，国家を個別ないしは，特殊と考えている（341節―344節）。そして普遍は，その中で，個別と特殊が押しつぶされるものではなく，その活躍の場を与えるものである。ヘーゲルの言い方で言えば，家族，市民社会，国家は，世界精神という普遍性の中で，観念的なものに過ぎないということになるのだが，それは，普遍の中で，その意義を与えられるものと解釈すべきである。
　そしてその上で，私は，諸個人は国家という特殊性の中で違和感を持ったときに，必然的に「世界史」という普遍を求めるということを，ヘーゲルの論理構成から導き出せるはずだと考えている。そしてその普遍こそが，世界平和に繋がると考える。その説明をしたい（前著『知的所有論』第6章）。
　ここでまず，個別―特殊―普遍というトリアーデで，物事を考えることの

有効性を確認すべきである。ここにこそ，ヘーゲルの意義がある。

　ヘーゲルが『法哲学』の中で，メインのトリアーデとして使っているのが，人倫の部における，家族―市民社会―国家である。

　個別性と普遍性の最初の，自然的な人倫の精神が家族である。次に，各個人が特殊対特殊として対立し，しかしそこに形式的な普遍性が見出されるのが，市民社会である。そして理性による自由の実現が国家であるとされている（157節）。

　ここで重要なのは，市民社会である（182節―256節）。「最初に，家族が実体的全体であり，個人の特殊な諸側面に対して予め配慮する」のだが，そこから独立して，諸個人は市民社会に入って行く（238節）。諸個人は，ここで労働をし，財産を所有する。そしてその所有物を，司法活動によって保護する。そしてポリツァイとコーポラツィオーンによって，個々人の生計と福祉は保証される。ここにおいて，個人の普遍的なものへの関与がすでに見られる。しかしヘーゲルは，そこではまだ，特殊と普遍が分離しているとして，だからこそ，国家へと進展しなければならないと考える（256節）。

　そうして国家はまず，「倫理的理念の現実性」であり，個々人の自己意識も，その実体的自由を国家の内に持つことになる（257節）。この国家において，諸個人は，自由が得られるということが，しばしば強調されるが，しかし，市民社会の意義は十分評価すべきである。つまり，特殊を経ないと，その次の段階に進まないということに注意をする必要があるし，もっとはっきりと言えば，すでに，市民社会の段階で，普遍が見えていて，それは形式的なものに過ぎないとされるが，しかし特殊の中にすでに普遍が宿っているということに注意が払われるべきである。貧困という問題も，その解決の具体策は，ここで講じられている。

　国家は，「客観的精神であり，個人が客観性，真理性，倫理性を持つのは，彼が国家の一員であるときだけである」（258節注）とされるが，しかしそれは，その程度のものでしかない。諸個人は，市民社会ですでに十分陶冶されている。それこそが重要なのであり，国家に至って，何か新しいものが付け加えられる訳ではない。

だから，真に国家の意義と，その中における個人の役割が明白になるのは，実は戦争においてなのである。ヘーゲルにとって，個人の財産と命を保護するのは，市民社会であって，それは国家の役割ではない。逆に，先に引用したように，それら個人の財産と命を放棄することを求めるのが，国家の役割なのである。それは国家が実体であり，諸個人は，その中で自由を感じられるからに他ならない。「国家の独立こそ，国民の第一の自由であり，最高の名誉である」(322節)。

　しかし，その国家が戦争を始めた瞬間，国家は普遍ではなくなる。国家は，諸外国との特殊な関係として現れる。すると，今度は，国家―国際法―世界史というトリアーデが出て来る。このトリアーデは，『法哲学』のメインではなく，付け足しの様にして出て来るのだけれども，私たちが今ここで考えているテーマにとっては，重要なものである。そしてここでも，世界史は，国際法で考えられている，具体的には戦争という国家と国家の関係を，特殊なものに過ぎないとして，自らの普遍性を示すが，しかし実際には，この特殊の段階が重要である。戦争という特殊な関係がまずあり，また，ヘーゲルは，何度も，国家間の承認に言及するのだが（331節，336節，338節），そこにおいて，すでに普遍は見えており，世界史という普遍は，解決が原理的に話された事態を，単に追認する以上のものではない。しかし，国際関係のひとつのあり方として戦争があり，それは必ず経由しなければならず，必然的なものなのだけれども，それを超えて行くことが示唆されている。

　先に，諸個人は，国家と一体化したが，ここでも，諸個人は，世界史と一体化するはずである。しかし，諸個人は，世界史という普遍的関係において，特殊の段階で感じられる矛盾や違和感を通じて，一体化される。その違和感はすでに，特殊な段階で形式的には解消していて，それは事後的に追認されるのである。

　戦争こそが，この違和感を生み出す。そして戦争が生み出す違和感こそが，私たちを，世界平和樹立へと搔き立てるのである。それが，世界平和に至るための原動力である。しかし世界史が普遍であり，実体であるにしても，それは，何か強い理念や具体的な策を持つものではない。すでに，国家と国家

の特殊な関係において，相互に承認がなされるということに，ヘーゲルは言及し，それは重要な観点である。そこにおいて，平和は示唆されており，諸個人の違和感は，自らが国家を超えた，類としての意識を自覚させる。諸個人は国家の中におり，その国家には，家族と市民社会が含まれていて，そこで陶冶され，国家間の特殊な関係，私の言葉で言えば，国家間のネットワークを経験して，普遍をその中に見出している。世界精神という普遍に至って，特殊な段階で感じられていた普遍は，追認される。普遍はその程度のものでしかない。しかしその程度のことが重要である。

倫理的に戦争が諸個人を高めるのなら，それはそれで良いけれども，そこに限界があり，さらに諸個人を高めようとするのなら，戦争では不十分だし，国家でも不十分なのである。

世界精神は身体を持たないが，国家間のネットワークを通じて，諸国家に影響を与える。諸国家はネットワークを維持する程度には民主化していて，またそれぞれに張り巡らされたネットワークも諸国家の民主化を維持する程度には緊密で，その中にいる諸個人の自由の増大とともに，両者は相互作用をする。平和はその運動のダイナミズムの中にある。

最後に，ヘーゲルの言うところの戦争の必然性をもう一度確認したい。そしてそこから見える平和論は，それは消極的なものに過ぎないのだが，しかしその点においても，それはカント平和論と同じものである。

また，これもカントの言うように，競争は必要であり，それを戦争の原動力とはせずに，経済や文化の「生き生きとした競争」に向けさせられれば，それで良い。つまり戦争に代わる競争があればそれで良い。

問題は，国家を戦争以外の仕方で，競争させる場が必要だということで，それこそネットワークとしての世界史が必要である。しかし，それはネットワークに過ぎないから，それ自身は各国に対して拘束力を持たず，その中で実際には，単に特殊でしかない国家が，最終的な法務官としての役割を担ってしまう。

実はそれこそがヘーゲルの定義する病である。前節（3-2）で議論したよ

うに，特殊な段階に過ぎないのに，自らを普遍的だとか，実体だとかと，その上位の段階にあることを僭称することを，病と言う。国家は病にあり，それが戦争を引き起こす。病の必然性は，戦争の必然性と言い換えることができる。人は誰でも病になり，また，すでに前節で確認したように，病こそ，人を定義する根本のものであって，同じく，国家は戦争をするものであり，戦争こそ，国家を定義付けるものである。

　ここで重要な観点は，病は必然的で，本来なくならないと考えるべきなのかもしれず，しかも場合によってはなくすことができず，それを受け入れるべきかもしれない。しかし，その弊害を極力少なくする必要はあるし，またそれはやはり何と言っても病であって，つまり可能な限り，なくそうという努力はすべきである。

　ジジェク 1991=1995 の最終章を参照する。これを加えて，本節を終えたい。
　ジジェクが言うには，ラカンは早くも 1960 年代に，今後十数年間に新たな人種主義が勃興し，民族間の緊張と民族の独自性の攻撃的主張が激化するだろうと予言したということである。それは資本主義文明の基盤そのものを構成している普遍性の追求の裏返しである。つまり現代社会では，民族的特殊性が，普遍的統合の中に埋没してしまっており，そのためにその反動が生じていると言うのである。

　ここで民主主義とは，抽象的な個人と個人の形式的な繋がりであると考えられていて，その民主主義は常に，国民国家という病的な事実と結び付いている。世界市民としての全人類の共同体に根差した地球規模の民主主義を打ち立てようというあらゆる企ては，その無力さをさらけ出し，政治的熱狂を掻き立てることがない。

　つまり，特殊を押さえ付けると，却って，それは氾濫するのである。また同時に，普遍はそれ自身，魅力的なものではない。普遍は，特殊のように人を引き付ける力はない。

　もうひとつ言うべきことは，この特殊の意義も押さえたいということである。すべて物事は，特殊を通じてしか，普遍に至らない。また先刻から論じ

ているように，実は特殊の段階であらかた物事は片付いており，しかし，そのこと自体が，普遍を形式的に呼び起こすのである。

つまり，特殊を過小評価せず，その意義を最大限尊重することが必要である。

さらに付言すれば，人の持つ，敵愾心や，他人に対する憎悪や妬み，また見栄や自惚れや過度の帰属意識は，人間にとって本質的なものだし，その大きさを見誤らないようにすべきである。それが特殊を支えている。しかしホッブズが論じたように，人間はそのような性格を持つ利己的な存在であるにも拘らず，かつそういう存在であるが故に，社会契約という他者との協調を求めるのである[16]。そのホッブズの持つパラドクシカルなダイナミズムをカントもヘーゲルも共有している。

●注

1) 『自然哲学』は，原文は，Suhrkamp 版を使い，邦訳は，加藤尚武訳を使う。巻末の詳細な解説と付録は参考になった。また，Petry の英訳も参照した。
2) 拙著『他者の所有』第7章に書いた。今回はさらに明快に，自然の発展を論じたい。
3) 本節は，現代生物学の最近の業績に刺激を受けつつ，ヘーゲル読解を試みるもので，以下のサイト「公共空間X」に連載している「進化をシステム論から考える」と，内容の重複がある。ただ，前者がそれを，ヘーゲルのテキストを読み込むことで，ヘーゲルの言葉で説明し，後者がそれを，進化論の最近の研究を分析することで，自然科学者の使う言葉使いで説明するという違いがある。サイトのアドレスは以下の通り。http://www.pubspace-x.net/)（公共空間X）
4) Raup 1991 = 1996 に拠る。この偶然性の強調が，本節の基調にある。
5) 金子 2009, 田中 2002, 2007, 2015 を参照してほしい。また，3-1-4 でこのことは再度取り上げる。
6) このことは，上述の拙著「進化をシステム論から考える」の第12章で扱った。
7) ダーウィンは，生物が発生したあとの進化しか扱っていない。『種の起源』の最終章の最後の段落において，「最初わずかなもの，あるいはただ一個のも

のに吹き込まれ」て，生物が誕生し，そこから進化という壮大な物語が始まる。しかし私たちは，生物がどのように，物質から発生したのかということから問うべきである。
8) 加藤尚武は，しばしばこの箇所を引用する。『精神現象学』の序文の真ん中あたりにある。ここでは，加藤 2013c を参照した。
9) Seele は，「魂」と訳す。船山信一訳は「心」である。
10) 節の番号は，船山訳に合わせる。Suhrkamp 原文の番号は，それに，376 を足す。この 376 は，『自然哲学』の最後の節の番号である。
11) カントはここで，狂気と言語の関係に言及している。フーコーはその点に着目している（Foucault 2008 = 2010）。
12) 自然を支配しているのは，偶然である。しかしその中にあって，何かしらの秩序形成の仕組みがあるというのが，『自然哲学』の課題であった。偶然が必然化するというのではなく，偶然を活用して必然が現れる仕組みを論じているのである。同様に，精神においては，病が支配しており，しかし，それは精神そのものであって，その中に精神の現れる機構を，『精神哲学』は論じているのである。
13) このことも加藤尚武の議論を参照しつつ，『所有論』2-3-3 で議論をした。
14) ここも『所有論』3-3-2，3-3-3 で論じた。そこでは世界政府の不可能性を論じている。
15) ドイルは，liberal states という表現を使う。「リベラルな諸国家」と訳しておく。ラセットは，democratic peace という言葉を使い，訳者はそれを，「民主国家間の平和」と訳している。またこの後に出て来るロールズは，liberal societies「リベラルな社会」という言葉を使う。

そこで私はまず，democracy の根底に，リベラリズムが必要であり，というのも，言論の自由が保証されて，誰もが平等に政治参加できることが民主主義に必要だからであり，そしてそういう社会を，リベラルな民主主義社会と呼んでおく。さてそこで問題となるのは，カントが共和制と言った体制を，ここで民主主義と呼んで良いのかということである。

実はカントは，民主制 Demokratie（民衆制と訳す場合もある）を評価していない。そして民主制とは区別された共和制を，平和に資すると考えている。とすれば，どうして，私たちは，カントの共和制を，民主主義と読むことが

可能なのだろうか。

　まず，古代ギリシアに見られた民主制は，これは統治形態としての直接民主制であるが，歴史的に多くの哲学者が評価して来なかった。それは貧しい多数者の支配する政体であり，君主制，貴族制に比べて，それは劣った政体であって，カントもまたそう見做している。カントはさらに，民主制を専制的であるとして，これを拒否しているのである。

　しかしその後，主権の考え方が，この民主制という概念とくっついて，民主制は実際の統治形態を問うものではなく，その統治の正当性を問うものに変わった。私は，これを民主制と区別して，民主主義と訳そうと思う。そこでは，本来別の概念であった，民主主義と人民主権が，同義だと見做されるようになる。つまり，民主主義が権力の正当性の唯一の源泉となる。そして統治形態としては，民主主義は，多くの場合，代議制民主主義になる。

　さて，カントは，共和制と言うことで，これを，自由で，平等で，法の支配に従う成員から成る体制だとし，かつその共和制がなぜ戦争をしにくくなるのかと言えば，戦争をすべきかどうかを決定するのに，国民の賛同が必要で，その国民は，戦争のあらゆる困難を背負わねばならないから，戦争に慎重になるのだと言っていて，こうなると，共和制は，今日の言葉で，民主主義と言って構わないのである。こういう手続きを経て，私たちは，カントの言う共和制を民主主義と言い，さらにそれを成り立たせるものとして，リベラリズムが必要だとし，これらを皆，同義に扱うことが可能になり，さらにドイル，ラセット，ロールズをカント主義者と呼ぶことが可能になるのである。

16)　これは拙著『ホッブズからヘーゲルへ』第1章で論じたことである。

参考文献

Agamben, G., 1970 *L'uomo senza contenuto*, Rizzoli = 2002『中身のない人間』岡田温司他訳，人文書院
―― 1977 *Stanze-La parola e il fantasma nella cultra occidentale-*, Giulio Einaudi= 2008（1988初出）『スタンツェ―西洋文化における言葉とイメージ―』岡田温司訳，筑摩書房
―― 1982 *Il linguaggio e la morte-Un seminario sul luogo della negatività-*, Giulio Einaudi editore = 2009『言葉と死　否定性の場所にかんするゼミナール』上村忠男訳，筑摩書房
―― 1995 *Homo Sacer-Il potere sovrano e la nuda vita-*, Giulio Einaudi editore = 2003『ホモ・サケル―主権権力と剥き出しの生―』高桑和巳訳，以文社
―― 1996 *Mezzi senza fine*（ネットで入手 Commoning Times : commoningtimes. org/texts/ga_mezzi_senza_fine.pdf）= 2002『人権の彼方に―政治哲学ノート―』高桑和巳訳，以文社
―― 1998 *Quel che resta di Auschwitz-L' archivio e il testimone-*,Bollati Boringhieri= 2001『アウシュヴィッツの残りのもの―アルシーブと証人―』上村忠男他訳，月曜社
―― 2003 *Statio di Eccezione*, Bollati Boringhieri = 2007『例外状態』中村勝己他訳，未来社
―― 2008 *Il sacramento del linguaggio-Archeologia del giuramento-*, Laterza = 2011 *The Sacrament of Language-An archeology of the oath-*, translated by A. Kotsko, Stanford University Press
―― 2009 *Nudità*, Nottetempo = 2012『裸性』岡田温司他訳，平凡社
―― 2009 *Il Regno e la Gloria-Per una genealogia teologica dell'economia e del governo-*, Bollati Boringhieri = 2010『王国と栄光―オイコノミアと統治の神学的系譜学のために―』高桑和巳訳，青土社
―― 2011 *Altissima Povertà-Regole monastiche e forma di vita-*, Neri Pozza = 2014『いと高き貧しさ―修道院規則と生の形式―』上村忠男他，みすず書房

―― 2012 *Opus Dei-Archeologia dell' ufficio-*, Bollati Boringhieri = 2013 *Opus Dei,-An archeology of duty-*, translated by A. Kotsko, Stanford University Press

―― 2014 *L'uso dei corpi*, Neri Pozza = 2016『身体の使用―脱構成的可能態の理論のために―』上村忠男訳，みすず書房

―― 2015 *Stasis-La Guerra civile comeparadigma politico-*, Bollati Boringhieri= 2016『スタシス―政治的パラダイムとしての内戦―』，高桑和巳訳，青土社

Allison, A., 2013 *Precarious Japan*, Duke University Press

アリストテレス 1968『アリストテレス全集 11　問題集』戸塚七郎訳，岩波書店

ベルシー，C., 2006『文化と現実界―新たな文化理論のために―』高桑陽子訳，青土社

Benjamin, W., 2015 "Geschichtsphilosophische Thesen", *Zur Kritik der Gewalt und andere Aufsaetze*, Suhrkamp = 1969「歴史哲学テーゼ」『暴力批判論　ベンヤミン著作集 1』高橋宏平他訳，晶文社

ブルース，M=E., 2015「ラカンのディスクール理論からみた普通精神病」『ニュクス』Vol.1

Butler, J., 2004 *Precarious Life-The Power of Mourning and Violence-*,Verso = 2007『生のあやうさ―哀悼と暴力の政治学―』以文社

―― 2009 *Frame of war-When is Life Grievable?-*, Verso = 2012『戦争の枠組み―生はいつ嘆き得るものであるのか―』筑摩書房

Darwin, C., 1979 *On the Origin of Species*, Harvard University Press = 1990『種の起源（上）（下）』八杉龍一訳，岩波書店

Derrida, J., 1967 *L'écriture et la difference*, Seuil = 2013『エクリチュールと差異』合田正人，谷口博史訳，法政大学出版局

―― 1994 *Politiques de L'amitié*, Galilée = 2003『友愛のポリティクス 1,2』鵜飼哲他訳，みすず書房

―― 1997 *Adieu-à Emmanuel Lévinas-*, Seuil = 2004『アデュー―エマニュエル・レヴィナスへ―』藤本一勇訳，岩波書店

―― 2003 *Chaque fois unique,-la fin du monde-*, Galilée = 2006『そのたびごとにただ一つの，世界の終焉 I,II』土田知則他訳，岩波書店

―― 2003 *Béliers-Le dialogue ininterrompu : entre deux infinis, le poème-*, Galilée = 2006『雄羊―途切れない対話：二つの無限のあいだの，詩―』林好雄訳，筑摩

書房
Doyle, M. W., 1983 "Kant, Liberal Legacies, and Foreign Affairs, Part 1, Part2", *Philosophy and Public Affairs*, Vol.12, No.3, No.4, pp.205-235, pp. 323-353
海老澤善一 2012『対話　ヘーゲル『大論理学』―存在の旅へ―』梓出版
Foucault, M., 1976 *Historie de la sexualité 1-La volonté de savoir-*, Gallimard = 1986『性の歴史Ⅰ―知への意思―』渡辺守章訳，新潮社
―― 2010『カントの人間学』王寺賢太訳，新潮社
Freud, S., 1940 "Jenseits des Lustprinzips", G*esammelte Werke, XIII*, S. Fischer Verlag = 1996「快楽原則の彼岸」『自我論集』所収，中山元訳，筑摩書房
―― 1946 "Trauer und Melancholie", *Gesammelte Werke, X*, S. Fischer Verlag = 2008「喪とメランコリー」『人はなぜ戦争をするのか―エロスとタナトス―』中山元訳，光文社
Hegel, G.W.F., 1976 *Phänomenologie des Geistes, G.W.F.Hegel Werke in zwanzig Bänden 3*, Suhrkamp Verlag = 1971, 2002『精神の現象学（上）（下）　ヘーゲル全集 4,5』金子武蔵訳，岩波書店，2001『精神現象学』牧野紀之訳，未知谷
―― 1978 *Wissenschaft der Logik, Erster Band,Die Objektive Logik, Hegel Gesammelte Werke Band 11*, Felix Meiner Verlag Hamburg = 1977『大論理学 1，初版』寺沢恒信訳，以文社
―― 1969 *Wissenschaft der LogikI, G.W.F.Hegel Werke in zwanzig Bänden 5*, Suhrkamp Verlag = 1960『改訳大論理学（上）1-2　ヘーゲル全集 6a-b』武市健人訳，岩波書店
―― 1969 *Wissenschaft der LogikII, G.W.F.Hegel Werke in zwanzig Bänden 6*, Suhrkamp Verlag = 1983, 1999『大論理学 2, 3』寺沢恒信訳, 以文社 , 1960,61『大論理学（中）（下）』，武市健人訳，岩波書店
―― 1970 *Grundlinien der Philosophie des Rechts, G.W.F.Hegel Werke in zwanzig Bänden 7*, Suhrkamp Verlag = 1978「法の哲学」『ヘーゲル　世界の名著 44』藤野渉他訳，中央公論社
―― 1970 *Enzyklopädie der philosophischen Wissenschaften I, G.W.F.Hegel Werke in zwanzig Bänden 8*, Suhrkamp Verlag = 1951, 1952『小論理学（上）（下）』松村一人訳，岩波書店
―― 1970 *Enzyklopädie der philosophischen Wissenschaften II, G.W.F.Hegel Werke in zwanzig*

Bänden 9, Suhrkamp Verlag = 1970 Hegel's Philosophy of Nature, translated by M.J.Petry, George Allen and Unwin = 1998, 1999『自然哲学（上）（下）』加藤尚武訳，岩波書店

―― 1970 *Enzyklopädie der philosophischen Wissenschaften III, G.W.F.Hegel Werke in zwanzig Bänden 10*, Suhrkamp Verlag = 1965『精神哲学（上）（下）』船山信一訳，岩波書店

―― 1986 *Vorlesungen über die Ästhetik I, G.W.F.Hegel Werke in zwanzig Bänden 13*, Suhrkamp = 1995『ヘーゲル美学講義　上』長谷川宏訳，作品社

池松辰男　2013a　「承認の条件としての身体―ヘーゲル「人間学」における「身体」の意義―」『倫理学年報』No.62, pp. 149-163

―― 2013b　「身体と言語―「精神哲学」における二つの表現―」『ヘーゲル哲学研究』Vol.19, pp.141-154

一ノ瀬正樹 1997　『人格知識論の生成―ジョン・ロックの瞬間―』東京大学出版会

金子邦彦 2009『生命とは何か―複雑系生命科学へ―』東京大学出版会

Kant, I., 1977 "Versuch über die Krankheiten des Kopfes", *Immanuel Kant Werkausgabe II*, Suhrkamp = 2000 大橋容一郎，松山壽一訳「脳の病気に関する試論（脳病試論）」『カント全集第 2 巻』岩波書店

―― 1974 *Kritik der Urteilskraft, Immanuel Kant Werkausgabe X*, Suhrkamp Verlag = 1964『判断力批判』篠田英雄訳，岩波書店

―― 1968 "Zum ewigen Frieden-Ein philosophischer Entwurf ―", *Immanuel Kant Werkausgabe XI*, Suhrkamp Verlag = 1985『永遠平和のために』宇都宮芳明訳，岩波書店

―― 1977 "Anthropologie in pragmatischer Hinsicht", *Immanuel Kant Werkausgabe XII*, Suhrkamp = 2003 渋谷治美，高橋克也訳『実用的見地における人間学（人間学）』『カント全集第 15 巻』岩波書店

樫村愛子 2007　『ネオリベラリズムの精神分析―なぜ伝統や文化が求められるのか―』光文社

―2011　「ネオリベ社会におけるうつ―『自分であること（軽躁）への疲れ』とマゾヒズム幻想―」『現代思想』Vol.39-2, pp.190-204

加藤尚武 2013a「ヘーゲルによる心身問題のとりあつかい」『ヘーゲル論理学研究』

No.19, pp.7-25
―― 2013b「ヘーゲルの個体論とゲーテの色彩論」『ヘーゲル哲学研究』Vol.19, pp.30-46
―― 2013c 「確率論の哲学」『哲学雑誌』Vol.128, No.800, pp. 1-28
クリバンスキー ,R., パノフスキー ,E., ザクスル ,F., 1991『土星とメランコリー―自然哲学，宗教，芸術の歴史における研究―』田中英道監訳，晶文社
國分功一朗 2015『近代政治哲学―自然・主権・行政―』筑摩書房
河野一紀 2013 「情動の〈居心地の悪さ〉：主体のよるべなさと現代における〈うつ〉」『I.R.S. ―ジャック・ラカン研究―』No.11, pp.78-103
―― 2014 『ことばと知に基づいた臨床実践―ラカンは精神分析の展望―』創元社
Lacan, J., 1975 *Encore-Texte établi par Jacques-Alain Miller-*, Seuil
 ―― 1978 *Lacan in Italia 1953-1978*, www.praxislacaniana.it/wordpress/download/lacan_in_italia.pdf
 ―― 1991 セミネール第 17 巻 *L'envers de la psychanalyse*, ed. by J-A. Miller, Seuil = 1991 *The Other Side of Psychoanalysis*, trans. by R. Grigg, W-W-Norton & Company
 ―― 1992『テレヴィジョン』藤田博他訳，青土社
 ―― 2002 セミネール第 7 巻『精神分析の倫理』（上）（下），J-A. Miller 編，小出浩之他訳，岩波書店
 ―― 2014 セミネール第 10 巻 *Anxiety-the Seminar of Jacques Lacan Book X-*, translated by A.R. Price, Polity
 ―― 2015 セミネール第 8 巻『転移』（上）（下），ミレール ,J-A., 編，小出浩之他訳，岩波書店，2015
Locke,J., 1960 *Two Treatises of Government*, Cambridge University Press = 2010『統治二論』加藤節訳，岩波文庫
 ―― 1995 *An Essay Concerning Human Understanding*, Proetheus Books = 1972-1977『人間知性論』大槻春彦訳，岩波書店
松本卓也 2012 「ラカン派の精神病研究」『思想』Vol.1060, pp. 25-44
 ―― 2013 「フロイト＝ラカンのうつ病論―Aktualneurose をめぐって―」『I.R.S. ―ジャック・ラカン研究―』No.11, pp. 51-77

―― 2014 「現代ラカン派の諸論点」『at プラス』No.19, pp. 98-116

―― 2015a「労働とうつ」『労働と思想』市ノ川容孝他編, 堀之内出版, pp. 178-200

―― 2015b 「〈父の名〉の後に誰が来るのか？―「ラカンのディスクール理論からみた普通精神病」解題―『ニュクス』Vol.1, pp. 202-208

―― 2015c 『人はみな妄想する』青土社

向井雅明 2016『ラカン入門』筑摩書房

森村修 2015「喪とメランコリー（1）―デリダの〈精神分析の哲学〉（1）―」法政大学機関リポジトリ http://repo.lib.hosei.ac.jp/handle/10114/10035, 法政大学国際文化学部

仲正昌樹 2013『カール・シュミット入門講義』作品社

野口祐子 2010『デジタル時代の著作権』筑摩書房

岡田斗司夫・福井健策 2011『なんでコンテンツにカネを払うのさ？―デジタル時代のぼくらの著作権入門―』阪急コミュニケーションズ

Raup,D.M., 1991 *Extinction-Bad Genes or Bad Luck?-*, W. W. Norton & Company = 1996『大絶滅―遺伝子が悪いのか運が悪いのか―』渡辺政隆訳, 平川出版

佐々木孝次他 2013『ラカン『アンコール』解説』せりか書房

Rawls, J., 2002 *The Law of Peoples,-with "The Idea of Public Reason Revisited"-*, Harvard University Press = 2006『万民の法』中山竜一訳, 岩波書店

Russett, B., 1993 *Grasping the Democratic Peace-Principles for a Post-Cold War World*-Princeton University Press= 1996『パクス・デモクラティア―冷戦後世界への原理―』鴨武彦訳, 東京大学出版会

Schmitt, C., 1934（初出 1922）*Politische Theologie-vier Kapitel zur Lehre von der Souveränität-*, Duncker & Humblot = 1971『政治神学』田中浩他訳, 未来社

酒井隆史 2001『自由論―現在性の系譜学―』青土社

渋谷望 2003『魂の労働―ネオリベラリズムの権力論―』青土社

高橋一行 2001『ホッブズからヘーゲルへ―全体論の可能性―』信山社

―― 2010『所有論』御茶の水書房

―― 2013『知的所有論』御茶の水書房

―― 2014『他者の所有』御茶の水書房

高岡健 2009『やさしいうつ病論』批評社

田中博 2002『生命と複雑系』培風館
── 2007『生命：進化するネットワーク―システム進化生物学入門―』パーソナルメディア
── 2015『生命進化のシステムバイオロジー―進化システム生物学入門―』日本評論社
テレンバッハ，H., 1978『メランコリー』木村敏訳，みすず書房
徳増多加志 2015「絶対的必然性と偶然性」『ヘーゲル論理学研究』No.21, pp. 7-47
内海健 2008『うつ病の心理―失われた悲しみの場に―』誠信書房
── 2013「ラカン理論から『うつ病』を考える」『I.R.S―ジャック・ラカン研究―』No.11, pp. 2-15
Tobin, J.,1996 "prologue", *The Tobin Tax-Coping with financial volatility-*, ed. by M.Haq, et. al., Oxford University Press
Todd, E., 2002 *Après l'empire-Essai sur la decomposition du système américain-*, Gallimard = 2003『帝国以後―アメリカ・システムの崩壊―』石崎晴巳訳，藤原書店
若桑みどり 1993『絵画を読む―イコノロジー入門―』NHK出版
Weber, M., 1922 "Die Protestantische Ethik und der 〈Geist〉 des Kapitalismus", *Gesammelte Aufsätze Religionssoziolgie I*, Verlag von J.C.B.Mohr = 1989『プロテスタンティズムの倫理と資本主義の精神』大塚久雄訳，岩波書店
Žižek, S., 1989 *The Sublime Object of Ideology*, Verso = 2000『イデオロギーの崇高な対象』鈴木晶訳，河出書房新社
── 1991 *Looking awry-An Introduction to Jacques Lacan through Popular Culture-*, An October Book = 1995『斜めから見る―大衆文化を通してラカン理論へ―』鈴木晶訳，青土社
── 1993 *Tarrying with the Negative-Kant, Hegel, and the Critique of Ideology-*, Duke University Press = 2006『否定的なもののもとへの滞留―カント，ヘーゲル，イデオロギー批判―』酒井隆史他訳，筑摩書房
── 2002 *Welcome to the Desert of the Real-Five Essays on September 11 and Related Dates-*, Verso = 2003『「テロル」と戦争―〈現実界〉の砂漠へようこそ―』長原豊訳，青土社
── 2009 *First as Tragedy, Then as Farce*, Verso = 2010『ポストモダンの共産主義

―はじめは悲劇として，二度目は笑劇として―』栗原百代訳，筑摩書房 2010
―― 2010 *Living in the End Times* , Verso = 2012『終焉の時代に生きる』山本耕一訳，国文社
―― 2011 *Le Plus Sublime des Hystériques-Hegel avec Lacan-*, Presses Universitaires de France = 2016『もっとも崇高なヒステリー者―ラカンと読むヘーゲル―』鈴木國分他訳，みすず書房

後書き

　身体と言語と風景は所有できないと，本書1-3で書いた。本書ではこの内，身体が所有できないことを説明した。さて言語については，短い論考では済まない。精神分析の問題にしろ，ヘーゲルの魂の病論にしろ，それに影響を与えたカントの狂気論にしろ，言語が絡んで来るはずだ。それでこの問題については，いずれ書くとだけ言っておき，ここでは風景のことを書く。
　風景は，感覚的に言えば，支配したいとか，暴力的に所有したいという，私の欲望を超えている。むしろ逆に，私自身がそこから排除されているようにさえ思われる。風景は私を必要としないかのように，そこに存在している。例えば，山の風景は，圧倒的な存在であって，それは私の存在とは少しも関わりがないかのようである。
　しかし古くから人は風景を眺め，またそれを絵画に留めたり，詩歌に詠んだりして来ている。思い出として記憶に残したりもする。それは人に関わるものだ。その意味で，人は風景を所有はしないが，使用して来たのである。そして人が風景を使用するという，その関係性において，人は風景に安らぎを覚えることができる。風景は，私たちに馴染み深いものとなるのである。
　さしあたって，このような感覚的な言い方をしておく。所有しないで使用するということは，本文の中で十分展開し得たと思うし，この「後書き」は，その意味で，蛇足である。しかし感覚的に訴えた方が，より説得力は増すだろう。

　旅をしていると，あるいは日常生活を営んでいるときでも，馴染みのある風景にしばしば出会う。風景には，個人と共同体との歴史が刻まれている。
　次のような言い方をしても良い。人は，セザンヌやモネを見た後で，風景はすべてセザンヌやモネに見えて来るだろう。光の揺らぎ，木の葉のざわめき，立体感が勝って，歪んで見える遠くの山々。私の見る風景は，セザンヌ

やモネを模倣する。

　表紙の絵は,「サント・ヴィクトワール山と大きな松の木」という題を与えたい。筆者が撮影した風景写真を基に,多少の修正を施した。

　さて,本書の初出の論文は,以下の通りである。ただし,いずれも大幅に加筆,補筆をしている。

- 「所有しないということ― アガンベンから示唆を受けて ―」『社会理論研究』Vol.17, 2016, pp. 50-67
- 「シンポジウム要旨〈カント戦争論 vs. ヘーゲル平和論〉」『ヘーゲル哲学研究』Vol.22, 2016, pp. 118-128
- "Complex Systems Biology and Hegel's Philosophy"（口頭発表）, International Society for the Systems Sciences, Berlin, 2015

　また,以下の論稿を基にして,それらを書き直して本書に使った。いずれも,「公共空間 X」のサイトに載せたものである。アドレスは以下の通り。http://www.pubspace-x.net/

- 「所有しないで使用する」アガンベンを読む (1) ―『他者の所有』補遺 (1) ―
- 「所有しないということ」アガンベンを読む (2) ―『他者の所有』補遺 (2) ―
- 「所有という制度」アガンベンを読む (3) ―『他者の所有』補遺 (3) ―
- 「怠惰または鬱」アガンベンを読む (4) ―『他者の所有』補遺 (4) ―
- 「身体の使用」アガンベンを読む (5) ―『他者の所有』補遺 (5) ―
- ラカンを通じてヘーゲルを読み,ヘーゲルを通じてラカンを読む ―『他者の所有』補遺 (6) ―
- ラカンの鬱論 ―『他者の所有』補遺 (7) ―
- サントームとは何か ―『他者の所有』補遺 (8) ―
- ヘーゲル自然哲学の面白さ (1)
- 相馬氏への再批判 1

なお，相馬千春氏の論稿も，「公共空間X」に掲載されているもので，それをほぼそのまま，本書に収めている．

・ヘーゲル「論理学」の「否定の否定」と「無限判断」の解釈について ——高橋一行『他者の所有』を読む①

また，「公共空間X」に連載している拙論「進化をシステム論から考える (1)—(12)＋補遺」も参照して欲しい．

今後は，ひとつは，ヘーゲル『自然哲学』と『精神哲学』をさらに読解して行きたいと思う．ヘーゲルで読まれているのは，『精神現象学』が主たるもので，あとは『法哲学』か『歴史哲学』かというところだと思う．また，専門家なら「論理学」を読むだろう．しかし，自然と精神の発展を記述した，この二著は極めて興味深く，ヘーゲルの意義を良く表している．そのことを示して行きたい．今回の試みは，まだ見取り図を提出したに過ぎない．

それから，本当にやりたいのは，私自身の「自然哲学」と「精神哲学」を書くことである．複雑系や進化システム生物学に基づく進化論は，ヘーゲルが今の時代を生きていたならば，新しい物好きのヘーゲルのことだから，きっと取り組んで，『自然哲学』の中に入れたであろうと思われる．また，本書で展開した鬱論もそのひとつである．フロイトとラカンについては，このあともまだ読み進めて，解明したいテーマがいくつもある．それらは，私自身の「精神哲学」を書くのに資するだろう．

2016年11月吉日

高橋一行（たかはし　かずゆき）

1959年東京生まれ。早稲田大学第一文学部（美術史），東京都立大学理学部（物理学），明治大学大学院政治経済研究科（政治学）で学ぶ。明治大学教授（政治学博士）。

著書　『ホッブズからヘーゲルへ　－全体論の可能性－』（信山社，2001），『所有論』（御茶の水書房，2010），『知的所有論』（御茶の水書房，2013），『他者の所有』（御茶の水書房，2014）。

所有しないということ

2017年2月10日　第1版第1刷発行

著　　者　高　橋　一　行
発 行 者　橋　本　盛　作
発 行 所　株式会社　御茶の水書房
〒113-0033 東京都文京区本郷5-30-20
電　話　03-5684-0751
振　替　00180-4-14774

Printed in Japan

印刷・製本／東港出版印刷

ISBN 978-4-275-02065-9 C3031

―――― 好評既刊 ――――

所　有　論

高橋一行　著

A5判・220頁・本体3200円

本書の内容

第1部　近代所有論

1-1　ロック論
『統治論』の所有論　　『自然法論』の所有論　　『知性論』の所有論

1-2　政治思想史と数理モデル
ホッブズ論　　ヒューム論　　思想の伝播

1-3　カント論
『法論』の所有論　　『平和論』の所有論　　『判断力批判』の所有論

第2部　ヘーゲル論

2-1　ヘーゲル所有論一般
『法哲学』の所有論　　初期ヘーゲルにおける所有論　　『精神現象学』の所有論

2-2　『論理学』の所有論
中項としての身体　　判断論から推理論へ　　推理論から理念論へ

2-3　ヘーゲルの知的所有論
知的所有の諸概念　　知的所有の諸特徴　　普遍と個別

第3部　現代所有論

3-1　マルクス主義の所有論
疎外論的マルクス主義　　物象化論的マルクス主義　　推理論的マルクス解釈

3-2　マルクス主義以後
吉田民人の所有論　　所有論の現代的な疎外態について　　システム理論における普遍と個別

3-3　所有論の可能性
情報化社会の所有論　　リベラルな民主主義は戦争を防ぐか　　ネットワーク世界政府論

―― 好評既刊 ――

知的所有論

高橋一行 著

A5判・160頁・本体2800円

本書の内容

第1章　無限判断論から考えるコモン論
ネグリ＆ハートとジジェクのコモン論　　無限判断論におけるカントとヘーゲル
知的所有論　　「論理学」と『精神現象学』における無限判断論　　コモンと交換的正義

第2章　交換的正義論
アリストテレスの正義論　　ホッブズとカントの正義論
プルードンの正義論　　ヘーゲルの正義論

第3章　他者を巡る議論
交換と主体化　　ヘーゲル論理学における自他関係　　無限判断論から考える価値形態論

第4章　ベーシック・インカムのための労働論
情報化社会の福祉　　ベーシック・インカム論の検討
アーレントのマルクス論を巡る議論

第5章　ベーシック・インカムのための貨幣論
交換的正義としてのベーシック・インカム論(1)
交換的正義としてのベーシック・インカム論(2)
ベーシック・インカム論の根拠

第6章　特殊と普遍を巡る議論
ヘーゲルの普遍―特殊―個別　　ナショナリズム論　　ルソー，カント，ヘーゲル

第7章　集合知民主主義
集合知論について　　集合知論と熟議民主主義　　ヘーゲルの理性概念

第8章　革命論
君主論　　ネグリのヘーゲル批判 vs. ヘーゲルのスピノザ批判　　革命論

参考文献
ヘーゲルに知的所有論を読む―後書きとして―

――― 好評既刊 ―――

他者の所有

高橋一行 著

A5判・180頁・本体2800円

本書の内容

第1章　『知的所有論』の問題意識
ネグリのコモン論を批判する　　『知的所有論』から『他者の所有』へ

第2章　『精神現象学』を読解する
相互承認論を批判する　　知的所有論を展開する　　無限判断論を再述する

第3章　『精神現象学』とバトラー
隷属化という原理　　欲望と他者の原理

第4章　レヴィナスとヘーゲル
所有の放棄

第5章　マラブーを通じて，ヘーゲルを読む
脳と可塑性　　自然と精神　　偶然と必然

第6章　ジジェクを論じる
ラカンと戯れるヘーゲル　　マルクスを読むヘーゲル

第7章　再び，ヘーゲルについて
「否定の否定」について(1)　　「否定の否定」について(2)　　ヘーゲル入門

第8章　他者の所有
鬱と所有論　　他者を所有する　　他者が所有する

参考文献